COLLECTION

DÉCOUVERTE

LE CANCER
ENTRE LA DOULEUR ET L'ESPOIR

La publication de cet ouvrage a été possible grâce aux subventions du Conseil des Arts du Canada et du ministère de la Culture du Québec ainsi que du ministère du Patrimoine.

Dépôt légal 3e trimestre 1995
Bibliothèque nationale du Canada
Bibliothèque nationale du Québec

Données de catalogage avant publication (Canada)

Borgognon, Alain

    Le cancer

    (Découverte ; 1)

    ISBN 2-89051-598-2

    1. Cancer - Ouvrages de vulgarisation. I. Titre. II. Collection : Découverte (Saint-Laurent, Québec) : 1.

RC263.B68 1995   616.99'4   C95-940233-0

Conception graphique, infographie et réalisation technique : ▇▇▇

1234567890 IML 98765

10791

AVERTISSEMENT
Il a été impossible de retracer les propriétaires de certains droits d'auteurs. Un arrangement pourra être conclu avec ces personnes dès qu'elles prendront contact avec les éditeurs.

LE CANCER
ENTRE LA DOULEUR
ET L'ESPOIR

Alain Borgognon

SRC

ÉDITIONS
PIERRE TISSEYRE

5757 rue Cypihot,
Saint-Laurent, H4S 1X4

L a télévision, et particulièrement celle de la Société Radio-Canada, présente depuis plus de 40 ans des reportages scientifiques de qualité. Pensons entre autres à Fernand Seguin, à *Science Réalité*, et aujourd'hui à *Découverte.*

Nous avons ainsi donné la parole à de nombreux scientifiques de chez nous et d'ailleurs, montré des images et des sons de la science en évolution. De l'univers grandissant à l'environnement en mutation, de la découverte du fonctionnement du corps humain jusqu'à l'infiniment petit, la télévision de la SRC continue son oeuvre.

Nous désirons offrir un complément écrit à ce journalisme scientifique en présentant la matière de façon plus détaillée, sous forme écrite. La collection *Découverte* s'incrit donc dans cette philosophie et comprendra, à la fois, des livres thématiques comme celui-ci, qui est le premier de la série, et d'autres qui seront plutôt des recueils de chroniques et de reportages.

Le cancer: entre la douleur et l'espoir est basé sur la recherche exhaustive de Alain Borgognon sur le sujet et s'inspire également de l'émission *Dossier* intitulée *Le cancer: la guerre n'est pas gagnée* du réalisateur Max Cacopardo, et du reportage *La douleur* du réalisateur Roger Archambault, diffusé à *Enjeux*. Les images qui paraissent dans ces pages ont été tirées en quasi totalité de ces documents télévisuels et reflètent le travail exceptionnel accompli par ces réalisateurs et leurs équipes de tournage et de montage.

Les éditeurs.

REMERCIEMENTS

Je tiens à remercier Claude St-Laurent, directeur du Service de l'Information télévisée de Radio-Canada qui a cru en ce projet dès le début et qui a proposé cette co-édition ; ses collègues Lina Allard et Guy Filion pour leur appui indéfectible ; Robert Trempe et Jacques Blanchette des ventes et des produits dérivés de la SRC pour leur aimable et dynamique collaboration ; la réalisatrice-coordonnatrice Thérèse Patry et tous mes camarades de *Découverte* dont le soutien et les précieux conseils ont permis à cette collection de voir le jour ; les assistantes à la réalisation Hélène Cormier et Viviane Demers qui m'ont grandement aidé dans la cueillette des documents visuels ; les artisans du service d'infographie de la SRC, en particulier Albert Mino Bonan, Guy Massicotte et Jean-Luc Chaput ainsi que leurs homologues aux Éditions du Renouveau Pédagogique, Mireille de Palma et Philippe Morin ; et finalement Robert Soulières des Éditions Pierre Tisseyre qui a eu l'idée de cette collection et qui a travaillé sans relâche pour mener le projet à bon port.

Charles Tisseyre.

PRÉFACE

Dans ce volume sur le cancer qui reprend un reportage télévisé remarquable, Alain Borgognon nous soumet un exposé dont la principale qualité est sa très grande lucidité sur une maladie dont les ravages demeurent bien au-delà de ce qu'on espérait constater après tant d'années d'efforts et tant d'argent investi pour en arriver à la vaincre.

Jacques Cantin, ex-président de la Société Canadienne du Cancer. Chirurgien oncologiste Hôtel-Dieu de Montréal.

Lucidité quant à son évaluation de l'état actuel des choses dans un chapitre intitulé à juste titre : *Leçon de modestie*, mais lucidité aussi sur ce qu'on peut croire que nous réserve l'avenir, ceci dans deux chapitres intitulés respectivement : *Des techniques qui progressent* et *L'espoir de la génétique.*

Ce livre paraît à une période cruciale de notre compréhension du cancer. Il y a eu une explosion de nos connaissances dans le domaine qui a fait que plusieurs cancers sont devenus curables, alors que d'autres, et ceux-là sont malheureusement parmi les plus fréquents, continuent de résister au progrès. Nous y apprenons que la pilule magique n'existe pas et n'existera vraisemblablement pas, mais par contre, que la bataille en est devenue aussi une de prévention.

La revue qui y est faite des principaux moyens de traitement, de la clientèle particulière que représentent les enfants (y a-t-il quelque chose de plus injuste qu'un enfant atteint de cancer ?), des deux grands problèmes que les malades rencontrent, d'abord, la peur de la solitude, et ensuite, le soulagement de la douleur, y est partout concise, mais complète quant à l'essentiel.

Finalement, je recommande ce livre à toute personne qui veut se renseigner sur le cancer ou qui sent la nécessité d'en connaître davantage, soit pour aider un ami ou un parent, soit pour mieux cheminer elle-même dans ce long périple que représente pour qui que ce soit de se faire dire : *c'est cancéreux.*

On trouve ici tout ce qu'il faut pour commencer le voyage.

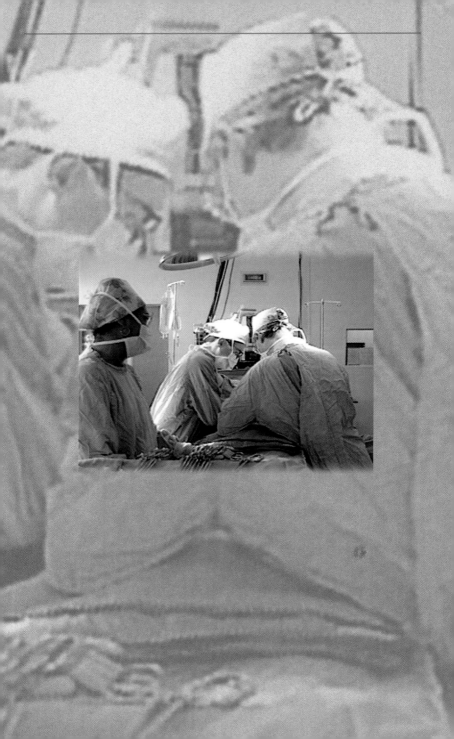

■ CHAPITRE UN

La déclaration de guerre

En Amérique du Nord, une personne sur trois est agressée par un cancer durant sa vie... Et parmi les victimes de cette maladie, une sur deux va mourir. Ces chiffres sont froids, effrayants, révoltants, mais ils sont vrais !

C'est que le cancer est un ennemi impitoyable. Il peut faire atrocement souffrir physiquement et moralement. Il attaque quand et où il veut. Le riche, le pauvre, la vedette, l'enfant... personne n'est à l'abri.

« C'est quelque chose qui tombe sur la tête de quelqu'un. Souvent on se demande pourquoi cette personne-là. L'individu atteint doit alors utiliser toutes ses défenses, doit puiser dans toutes ses énergies pour être capable de combattre cette maladie. Et les gens sont plus ou moins bien *équipés* moralement et physiquement pour mener la bataille... Le cancer, ça attaque sans crier gare... c'est comme une bête sauvage, si vous voulez », dit le docteur Diane Provencher, chirurgienne et chercheuse à l'hôpital Notre-Dame de Montréal.

Les hommes et les femmes se battent depuis des siècles contre cet adversaire parfois violent, le plus souvent sournois. Un combat longtemps empreint de magie ou de résignation. Car la maladie, quel que soit le nom qu'on lui donnait, était toujours synonyme de mort.

Mais, avec les progrès scientifiques du XXe siècle, un espoir est né. « On va sûrement trouver quelque chose pour arrêter ce mal », s'est-on persuadé. Le cancer allait bien rencontrer son Pasteur

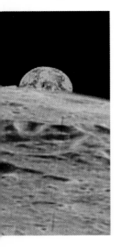

ou son Einstein ! Et, de fait, des chercheurs, exagérément médiatisés, ont commencé à faire miroiter des avenues prometteuses. Grâce à la science, le cancer allait finalement avoir un adversaire et les assauts de la maladie faire l'objet de contre-attaques.

L'académicien français Michel Serres affirme que « la souffrance est le moteur des progrès de l'humanité ». Les recherches effectuées dans les laboratoires du monde entier, aussi bien en biologie, en chimie qu'en physique ont donc tout naturellement été dirigées vers la lutte contre le cancer. Partout, mais surtout dans les pays riches, une croyance selon laquelle la science pouvait faire échec au cancer a vu le jour. Une formidable « machine de guerre » s'est alors mise en place.

Le 23 décembre 1971, en signant la loi qui créait l'Institut national du cancer, aux États-Unis, le président Richard Nixon a pris le commandement de la lutte. « Nous déclarons la guerre au cancer et nous allons remporter la victoire d'ici l'an 2000 », avait pompeusement annoncé le chef de la Maison-Blanche.

Déclaration présomptueuse ? Oui, disent les faits aujourd'hui. Car non seulement la guerre ne sera pas gagnée d'ici la fin du siècle, mais, globalement, le nombre des victimes du cancer ne fait qu'augmenter.

Le 23 décembre 1971.

Sur le terrain, plutôt que le triomphe espéré sur la maladie, les «soldats» du cancer que sont les malades, le personnel soignant et les chercheurs livrent une bataille de tranchées dans laquelle le front ne bouge pas beaucoup. Un bon coup par-ci, un revers par-là. Par rapport aux ambitions et aux espoirs du discours présidentiel, le constat est plutôt désolant. Comment le chef de la Maison-Blanche et ses conseillers scientifiques ont-ils pu faire ainsi fausse route ?

Il y a vingt-cinq ans, les Américains venaient de conquérir la Lune. Le pays était politiquement, économiquement, culturellement et scientifiquement à son apogée.

Une conviction naïve –on le sait maintenant– voulait qu'on puisse faire avec le cancer ce qu'Armstrong venait de réaliser dans l'espace. En réunissant les meilleurs cerveaux, en leur donnant beaucoup d'argent et en hissant un drapeau américain sur le toit des laboratoires, on était persuadé que tout était possible. La création de l'Institut national du cancer était d'ailleurs présentée comme l'équivalent de la NASA et on voulait appliquer à la lutte contre le cancer les méthodes pleines de succès des projets Gemini et Apolo.

Un quart de siècle plus tard, les statistiques sur cette maladie qui grimpent sans cesse démontrent qu'il est bien plus facile d'aller sur la Lune et d'en revenir que de vaincre le cancer. Alors, qu'est-ce qui n'a pas marché dans la stratégie présidentielle ? «Avant d'envoyer Armstrong, Aldrin et Collins vers notre satellite naturel, on connaissait tous les problèmes fondamentaux posés par un tel voyage ; il suffisait donc de développer des réponses techniques et de bien les appliquer. La différence, avec le cancer, est qu'au moment de la déclaration de Richard Nixon, il y avait d'énormes trous noirs dans les connaissances fondamentales touchant cette maladie... On s'est donc trompé», explique

Les statistiques grimpent sans cesse et démontrent qu'il est bien plus facile d'aller sur la Lune et d'en revenir que de vaincre le cancer.

«Il aurait fallu, dès le début, dépenser beaucoup plus d'argent dans la prévention», dit John Bailar épidémiologiste à l'université McGill de Montréal.

le généticien Axel Kahn, du Centre hospitalier universitaire Cochin, à Paris.

À cette première erreur, on peut en ajouter une seconde. En effet, la déclaration de guerre du Président américain comptait sur UNE arme miracle pour combattre la maladie. On cherchait donc LE médicament susceptible de contrôler, de vaincre tous les types de cancers. On sait maintenant que cette pilule n'existe pas et n'existera sans doute jamais. Lutter contre le cancer, pour les chercheurs et les praticiens d'aujourd'hui, ce sont mille gestes, attitudes, actions, thérapies qui doivent s'adapter à la réalité de chaque patient. «Nous sommes devenus très pragmatiques vis-à-vis de la maladie mais, en dépit des déceptions du passé, nous envisageons toujours l'avenir avec optimisme», déclare le docteur Edward Sondik, un des vice-présidents de l'Institut national du cancer à Washington.

Épidémiologiste de l'Université McGill, à Montréal, le docteur John Bailar est l'une des personnes les plus critiques à l'égard de la stratégie de lutte contre le cancer des vingt-cinq dernières années. Selon ce chercheur d'origine américaine, plutôt que d'investir massivement dans la recherche de traitements, il aurait plutôt fallu, dès le début, dépenser beaucoup plus d'argent dans la prévention de cette maladie. « Sur cinq dollars, on en a investi quatre pour les traitements et un pour la prévention... Avec un rapport de deux pour prévenir et de un pour soigner la maladie, il y aurait moins de morts aujourd'hui », affirme-t-il.

À Washington, les prises de position de John Bailar ont longtemps créé un certain malaise. Il faut dire que l'establishment médical nord-américain a toujours été plus porté à guérir les maladies qu'à les prévenir.

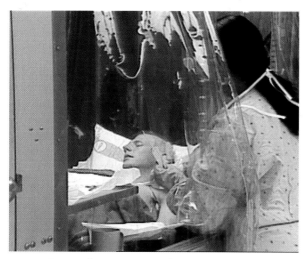

C'est donc toute une mentalité qu'il faut changer, ce qui n'est pas forcément facile dans un milieu aussi rigide. Mais l'Institut national du cancer des États-Unis reconnaît maintenant, comme ses derniers rapports le confirment d'ailleurs, que les stratégies de lutte doivent être partiellement réorientées vers la prévention.

■ CHAPITRE DEUX

Une leçon de modestie

Vingt-cinq ans après la promesse du président Nixon, le cancer est toujours la seconde cause de mortalité en Amérique du Nord. Seules les maladies cardio-vasculaires le devancent dans ce triste concours. Cette année encore, 61 500 Canadiens et 530 000 Américains vont mourir du cancer. Cela veut dire, à l'échelle du continent, 68 personnes à l'heure.

Comme c'est le cas depuis longtemps, quatre types de cancer se partagent, à eux seuls, plus des trois quarts de ces décès. Il s'agit des cancers du poumon, du sein, de la prostate et du côlon-rectum. Des lymphomes, la leucémie et les cancers de l'estomac et du pancréas viennent ensuite.

Taux de mortalité pour les cancers les plus répandus chez les hommes, 1969-1994 (CANADA)

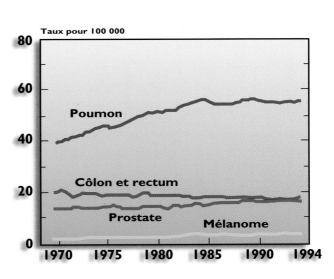

Pour les quatre cancers les plus courants, les choses n'ont pas beaucoup évolué depuis deux décennies. Seules les tumeurs au côlon et au rectum font moins de victimes, surtout grâce aux traitements. Pour la prostate et le sein, les situations sont relativement stables, voire très légèrement à la hausse pour les guérisons. Quant au cancer du poumon, il reste l'ennemi «numéro un». En 1994, au Canada seulement, 5600 femmes et 11 000 hommes sont morts à cause de la cigarette. En fait, cette même année, pour la première fois, le cancer du poumon a tué plus de Canadiennes que celui du sein.

La progression, depuis vingt-cinq ans, du nombre des victimes féminines des tumeurs aux poumons est d'ailleurs très inquiétante, sinon spectaculaire. Les chiffres ont plus que doublé depuis 1973, alors que, dans le même temps, la tendance était, chez les hommes, au plafonnement, voire à la diminution. Globalement, les données officielles nous informent que la cigarette, c'est-à-dire le tabagisme en général, est responsable d'environ 30 % de tous les décès dus aux cancers. C'est considérable.

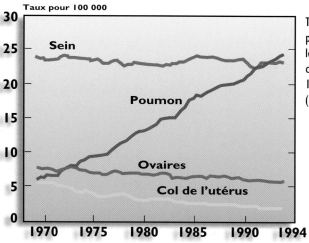

Taux de mortalité pour les cancers les plus répandus chez les femmes, 1969-1994 (CANADA)

Dans l'ensemble, les données américaines révèlent que, depuis la déclaration de guerre de Richard Nixon , les décès par cancer ont augmenté de 7 % aux États-Unis, un pourcentage qui tient compte de l'accroissement et du vieillissement de la population. Face à cette réalité, il est donc légitime de se demander si nous ne sommes pas en train de perdre cette bataille. «Je ne suis pas défaitiste par nature, mais les chiffres sont clairs : le cancer fait incontestablement de plus en plus de victimes », dit le docteur John Bailar.

Outre «le drame du cancer du poumon», pour reprendre son expression, l'épidémiologiste John Bailar a noté que plusieurs autres cancers sont en augmentation –très minime dans certains cas– sur le continent. Il cite celui de la prostate, du cerveau, des reins, de l'œsophage, du sein et de certains types de lymphomes. À l'inverse, heureusement, d'autres cancers tuent moins qu'à la fin des années 60, notamment ceux du côlon et du rectum, de l'utérus, de la vessie, des os et des testicules pour ne citer que ceux-là. «Mais si on fait le total des plus et des moins, surtout à cause du cancer du poumon, le résultat est négatif», constate John Bailar. Et, toujours selon ce spécialiste, ce qui est vrai pour les États-Unis l'est également, dans les grandes lignes, pour le Canada.

Les données, pour les vingt-cinq dernières années du Centre canadien d'information sur la Santé, indiquent d'ailleurs, elles aussi, une augmentation des taux de mortalité due aux cancers. Les progrès dans les traitements font très légèrement baisser le taux de mortalité chez les hommes si on exclut le cancer du poumon. Si on le maintient, par contre, on constate une sensible augmentation. Cette situation est encore plus dramatique pour les femmes. Sans la cigarette, on pourrait

En 1994,
au Canada seulement,
5600 femmes
et 11 000 hommes
sont morts à cause
du tabagisme.

même parler, à défaut d'une grande victoire, de succès intéressants et encourageants.

Il faut donc l'admettre, la froideur des statistiques étant ce qu'elle est, indiscutable, la guerre contre le cancer lancée avec tambours et trompettes il y a un quart de siècle est loin, très loin d'être gagnée.

Pour la théologienne française France Quéré, le fait que le cancer ne sera pas vaincu en l'an 2000, comme on le promettait, nous donne une bonne leçon de modestie. Elle remarque «qu'il est vrai que certaines victoires de la médecine ont fait conclure un peu hâtivement que c'était une science toute puissante qui allait vaincre tous les obstacles. On le voit, c'est faux. C'est une science comme les autres. Elle est contingente, elle se heurte aux erreurs, aux reculs, aux préjugés également, aux lenteurs et aussi à des situations très difficiles qu'elle ne peut escalader comme s'il s'agissait d'un monticule.»

■ CHAPITRE TROIS

Un puissant coup d'accélérateur

Il s'est probablement dépensé l'équivalent de 50 milliards de dollars dans les centres de recherche, dont la moitié par les Américains, depuis 1973 pour combattre le cancer. Ce sont donc des sommes considérables qui ont été consacrées à cette lutte, surtout si on considère que les résultats espérés, du moins statistiquement parlant, ne sont pas là.

Le docteur Edward Sondik.

Pourtant n'allez surtout pas dire à un cancérologue ou à un chercheur que ces milliards ont rapporté peu de dividendes. Offusqués, ils vous répondront qu'au contraire des pas de géant ont été accomplis. Ce n'est pas parce que Richard Nixon et ses conseillers avaient sous-estimé la force de l'ennemi que ce dernier est en train de gagner la guerre. « Ces années nous ont permis de débusquer un adversaire qui était peu connu, de mieux comprendre ses tactiques, ses ruses, bref son comportement général », explique le généticien français Axel Kahn. Même réponse, à Washington, d'Edward Sondik, de l'Institut national du cancer : « On a accumulé une somme considérable de connaissances fondamentales sur le fonctionnement des cellules humaines, les saines comme les malades, au point qu'aujourd'hui la lutte contre le cancer, mais également contre d'autres maladies, est beaucoup plus équilibrée. »

Pour comprendre le cheminement des chercheurs depuis vingt-cinq ans, il suffit souvent de les entendre parler de leurs débuts. « Quand j'ai

« Aujourd'hui, la possibilité de traduire en thérapies les connaissances fondamentales acquises depuis 1970 rend mon travail beaucoup plus intéressant et valorisant. »

Le docteur
Dave Parkinson.

débuté, on n'avait pas le droit de prononcer le mot *cancer* dans le centre de recherche. Tout le monde avait peur, les malades comme les médecins », rappelle le professeur Claude Jasmin, de l'hôpital Paul-Brousse, à Paris. Ontarien diplômé de l'Université McGill, mais maintenant oncologue à l'Institut national du cancer à Washington, le docteur Dave Parkinson témoigne aussi de l'évolution qui a eu lieu : « En tant que spécialiste des thérapies du cancer, mon travail a malheureusement consisté trop longtemps à tenir la main des patients pendant qu'une tumeur maligne les emportait. Aujourd'hui, la possibilité de traduire en thérapies les connaissances fondamentales acquises depuis 1970 rend mon travail beaucoup plus intéressant et valorisant. »

« Il est simpliste de se contenter de regarder les statistiques et de dire que tout cet investissement n'a servi à rien. Je suis endocrinologue. Eh bien, il y a vingt ans j'étais limité à palper les bosses et à dire au patient qu'il y avait X risques qu'un cancer se développe chez lui. Aujourd'hui, pour une maladie bien spécifique de la glande thyroïde par exemple –le cancer médullaire familial–, je connais le gène responsable et, par une simple prise de sang à la naissance d'un individu, je sais quoi faire –ablation de la glande thyroïde entre l'âge de cinq et dix ans– pour prévenir éventuellement le développement d'un cancer », explique le docteur André Lacroix de l'Hôtel-Dieu de Montréal.

On a dépensé plus de 50 milliards de dollars jusqu'à maintenant pour lutter contre le cancer.

« Avant, nous n'avions pas les outils pour analyser les messages génétiques ; pour étudier un gène, il fallait mobiliser cent personnes pendant des années. C'était très compliqué, très long, on ne pouvait avancer que pas à pas. Aujourd'hui, on a des machines extraordinaires qui sont capables de déchiffrer très rapidement un message génétique. Cela ne résout pas tous les problèmes mais cela change totalement notre façon de voir les choses », dit encore le professeur Claude Jasmin.

Ces témoignages démontrent à quel point Richard Nixon et ses conseillers, pourtant les plus brillants des États-Unis, avaient perdu d'avance leur pari du 23 décembre 1971. Le manque de connaissances fondamentales sur les cellules humaines et leur fonctionnement était pourtant évident. Trouver LA pilule miracle capable de guérir tous les cancers était tout à fait irréaliste. « On recherchait sans doute la pierre philosophale. Au fond, on a gardé la mentalité que nous avions au Moyen Âge vis-à-vis des alchimistes en pensant qu'ils allaient trouver un médicament mirifique », commente France Quéré.

Au tout début des années 60, John Kennedy avait déclaré : « Nous irons sur la Lune d'ici dix

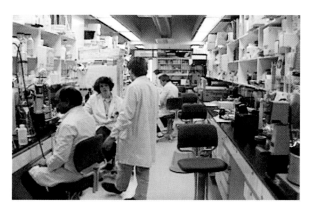

Chercheurs
à l'Institut national
du cancer
des États-Unis.

ans », ce qui avait permis, en 1969, d'écrire une des plus belles pages de l'histoire des États-Unis et de l'humanité tout entière. Richard Nixon a voulu récidiver avec la lutte contre le cancer. Cet objectif, autant politique que scientifique, était louable mais beaucoup trop ambitieux, même pour les tout-puissants États-Unis d'Amérique.

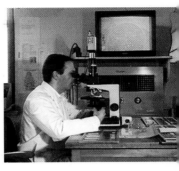

L'échec du Président américain n'est cependant pas total. Ce n'est tout de même pas un Watergate ou un Waterloo. En dotant, dès le départ, l'Institut national du cancer d'objectifs très élevés et en lui fournissant des moyens financiers considérables, Richard Nixon a probablement donné un élan décisif à la lutte contre le cancer. Aujourd'hui, l'un des directeurs de l'Institut national du cancer, le docteur Edward Sondik, se fait l'avocat de cette pensée positive. Il souligne un élément qu'on tend à oublier lorsqu'on voit uniquement le malade souffrir, c'est que « les recherches menées sur les cellules et sur les manipulations génétiques en général ont donné naissance à toute une industrie dont les bénéfices ne vont pas qu'aux êtres humains, mais également à l'agriculture et à la protection de l'environnement, pour ne donner que ces deux exemples ».

Le docteur Jacques Cantin, ex-président de la Société canadienne du cancer, remarque également que l'effort fait depuis un quart de siècle ne doit pas se calculer uniquement en fonction des découvertes des chercheurs ou des retombées industrielles. Selon ce chirurgien, ce qui a été fait a aussi permis de former des scientifiques, lesquels, par le biais de l'enseignement universitaire, ont transmis leur savoir à une autre génération de chercheurs, celle-là même qui prend la relève aujourd'hui.

Le docteur Jacques Cantin, chirurgien à l'Hôtel-Dieu de Montréal.

Naturellement, les recherches pour lutter contre le cancer ont débuté bien avant 1971 et la fondation de l'Institut national du cancer aux États-Unis. Au Canada, par exemple, l'Institut national du cancer –équivalent de l'américain, mais en plus modeste– a été fondé en 1948. Mais le 23 décembre 1971 reste une date charnière dans la mesure où un puissant coup d'accélérateur politique et financier a été donné ce jour-là par la Maison-Blanche. C'est aussi à partir de cette année-là que les progrès et les reculs de la maladie ont été

suivis et enregistrés systématiquement partout en Amérique du Nord.

La symbolique de la *déclaration de guerre* du Président en fait aussi un moment clé de l'histoire de la maladie et de ceux et celles qui la combattent.

■ CHAPITRE QUATRE

Les cellules immortelles

Tous les efforts déployés jusqu'à ce jour n'ont toutefois pas permis de maîtriser la cellule cancéreuse. Même les supermachines de la génétique n'ont pas encore percé tous ses secrets. Il faut dire qu'il s'agit d'un ennemi redoutable. À peine découvre-t-on quelque chose de nouveau qu'un élément imprévu, une autre variable, vient compliquer le travail des scientifiques.

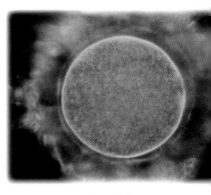

La cellule est en fait beaucoup plus complexe que toute la technologie qui a servi à conquérir la Lune.

Cette cellule minuscule est en fait beaucoup plus compliquée que toute la technologie qui a servi à conquérir la Lune. Pour s'en persuader, il suffit de voir la quantité incroyable de données qui sont, chaque année, diffusées ou publiées sur le sujet.

Il y a dans le corps humain plus de 100 milliards de cellules et le cancer commence toujours lorsque une seule de ces cellules ne veut pas mourir. Chaque jour, notre organisme produit, fabrique des centaines de milliers de cellules. Il faut donc que d'autres cellules meurent naturellement pour faire de la place aux nouvelles. Or, il arrive qu'une cellule, pourtant programmée dès sa naissance pour mourir, contredise la nature en refusant « de se suicider » en quelque sorte. Cette « récalcitrante », un scientifique lui a donné le nom « d'immortelle », car elle ne veut pas disparaître, et c'est le début d'un cancer.

Bien que déréglée, malade, cette cellule va pourtant se multiplier pour devenir une tumeur, laquelle va grossir à un rythme plus ou moins rapide. Si la bosse formée par l'amas de cellules malades se trouve dans un sein ou un testicule, par exemple, on a une chance de la repérer. Mais lorsqu'elle se forme dans un poumon ou dans l'estomac, on s'en rend souvent compte trop tard.

Il arrive que des cellules malades quittent la tumeur, voyagent dans le corps, et aillent former une nouvelle colonie ailleurs dans l'organisme. On parle alors de métastases, ce qui signifie la plupart du temps que le cancer se développe dangereusement. Car même si, en fin de compte, les médecins finissent par repérer la tumeur mère,

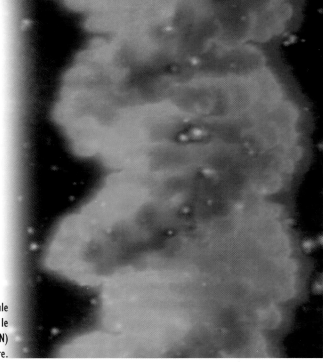

Dans chaque cellule humaine, il y a le code génétique (ADN) de son propriétaire.

il n'est pas sûr qu'il leur soit possible de retracer toutes les métastases qui se sont répandues ailleurs.

Pour le docteur André Robidoux, un spécialiste du cancer du sein à l'Hôtel-Dieu de Montréal, le comportement des cellules malades ou rebelles est encore bien mal compris. « Pourquoi une petite tumeur produit-elle parfois des métastases alors qu'il arrive que de grosses tumeurs ne créent aucune colonie ailleurs dans l'organisme ? », se demande-t-il pour démontrer la complexité du cancer et pour situer, en même temps, l'état des connaissances scientifiques sur la question.

Comprendre la cellule, la saine comme la malade, c'est apprivoiser en quelque sorte le mécanisme de la vie humaine. Voilà une grande ambition. Comment cette cellule naît-elle, se multiplie-t-elle, meurt-elle ? Comment est-elle affectée par l'environnement naturel ou par la pollution ? Comment se défend-elle contre les agressions ? Y a-t-il des comportements ou des éléments qui la protègent, la renforcent ? Les questions sont multiples, incroyablement compliquées, et les réponses ne viennent que très lentement, beaucoup plus lentement en tout cas que ce qu'on pensait au début des années 70.

Chaque cellule humaine contient le code génétique de son propriétaire, c'est-à-dire environ trois milliards d'informations héritées des parents. Il y a aussi quelque chose comme quatre-vingt mille gènes qui, en travaillant en groupe, régissent le fonctionnement du corps humain. Il y a enfin une multitude d'autres éléments qui servent à protéger tout ce qu'il y a dans la cellule et à faciliter la communication entre les gènes. « Il ne faut pas oublier qu'à la base le cancer est d'abord une maladie des gènes », rappelle Axel Kahn.

En fait, cette cellule humaine est probablement –ne soyons pas modestes– la chose la plus compliquée de l'univers. C'est comme un immense orchestre symphonique, disons 10 000 musiciens

> Chaque cellule humaine renferme environ trois milliards d'informations héritées des parents.

qui jouent en même temps, et il ne faut pas de fausses notes, du moins pas trop, sinon c'est la cacophonie, c'est-à-dire le cancer ou d'autres maladies très graves.

Dans certains cas, dès la naissance d'un individu, il est déjà programmé qu'un jour une cellule ne respectera pas la partition. C'est ce qu'on appelle un cancer d'origine génétique. On estime ainsi aujourd'hui que 5 % des cancers du sein tombent dans cette catégorie. Dans d'autres cas, c'est l'environnement ou de mauvaises habitudes de vie qui peuvent être à l'origine de la « rébellion » d'une cellule. Les cancers des mineurs, des travailleurs de l'aluminium, des fumeurs, de ceux qui s'exposent trop au soleil sans se protéger, etc., se classent dans ce groupe.

Petit à petit, les chercheurs percent les secrets des cellules humaines. C'est un travail très long et qui, malgré les progrès en génétique, va prendre encore des années. Mais dans les laboratoires, les scientifiques sont très actifs et confiants. En fait, ils sentent qu'ils n'ont jamais été si près de découvertes majeures. « Cela fait huit ans que mon équipe essaie de savoir quels sont les gènes qui sont touchés dans le processus précoce de la cancérisation du poumon, du sein et du côlon, et nous avons enfin un candidat très intéressant », raconte avec passion Edward Bradley, un Néo-Écossais qui dirige un laboratoire de recherches à l'hôpital Notre-Dame, à Montréal.

On peut presque dire que si l'atome –et l'infiniment petit en général– a dominé les recherches durant une bonne partie du siècle, c'est maintenant la cellule humaine qui est en vedette. Et comme la maîtrise de l'atome a changé la vie des humains, pour le meilleur ou pour le pire, suivant les cas, il faut s'attendre à ce que la compréhension du fonctionnement des cellules de notre corps transforme également nos « rapports » avec les maladies, voire, qui sait, change notre perception de la vie.

Vieux routier de la lutte contre le cancer, le professeur Claude Jasmin reste perplexe devant ce qu'il appelle « la richesse » des cellules humaines : « Quand on commence à en connaître le mécanisme intime, on découvre une complexité qui nous émerveille. On se dit : comment cela peut-il marcher de manière aussi parfaite, aussi extraordinaire alors qu'il y a des milliers de messages qui doivent être coordonnés ? Donc arriver à contrôler véritablement des cellules cancéreuses qui sont un petit peu différentes des autres, mais qui sont quand même les nôtres, c'est très difficile. Pour cela, il va falloir bien connaître tous les mécanismes fondamentaux avec lesquels la cellule vit, se multiplie, se différencie. »

Petit à petit, les chercheurs percent
les secrets des cellules humaines.

■ CHAPITRE CINQ

Des techniques
qui progressent

Des résultats spectaculaires sont promis par les
scientifiques, mais, cette fois, ils ne fixent pas
de date. Un peu partout, des contre-attaques
sérieuses sont lancées contre la maladie. En
Amérique du Nord, mais aussi en Europe, en Asie
et en Australie, des armées de chercheurs sont en
marche. Elles sont dotées de machines très per-
formantes et, contrairement aux batailles passées,
elles disposent de bien meilleures connaissances
fondamentales pour affronter l'ennemi. C'est une
question d'années, nous assurent les scientifiques,
avant que –à défaut de grandes victoires– des progrès décisifs, «des percées», pour utiliser l'expression consacrée, soient enregistrés.

Voilà qui est encourageant. Mais que faire en attendant? Que se passe-t-il pour les nouvelles victimes du cancer? Ont-elles le temps d'attendre les armes secrètes qui mijotent dans les laboratoires? Chaque année, environ 125 000 Canadiens, 66 000 hommes et 59 000 femmes, sont agressés par un cancer.

Et ces chiffres –que les spécialistes appellent *l'incidence*– sont malheureusement en augmentation d'une statistique annuelle à l'autre.

À l'Institut national du cancer, dans la banlieue de la capitale américaine, le docteur Edward Sondik admet qu'entre 1973 et 1990 l'incidence du cancer a augmenté de 18 % aux États-Unis, avec des bonds records de 100 % pour le cancer du poumon chez les femmes, de 80 % pour le cancer de la prostate chez les hommes et de 80 % pour certains types de cancers de la peau chez les deux sexes.

> Au Canada, 125 000 personnes seront atteintes d'un cancer cette année.

Ces données, mettent en garde les spécialistes, sont sûrement influencées à la hausse par le raffinement des diagnostics posés par les médecins. Autrement dit, on détecte mieux et plus les tumeurs aujourd'hui qu'hier. Par exemple, après les cancers du sein, alors très publicisés aux États-Unis, de Betty Ford, la femme du Président, et de Margaretta Rockefeller, l'épouse du vice-président, «les docteurs étaient terrorisés à l'idée de ne pas réussir à repérer cette maladie chez leurs patientes», raconte l'épidémiologiste John Bailar. Cette vigilance a sans doute eu un effet non négligeable sur les stastistiques qui montrent la progression inquiétante, sinon bouleversante, de certains cancers.

Pour toutes les personnes, nouvelles victimes de la maladie, les miracles promis par la génétique ne sont encore que des mirages ou, au mieux, des espoirs très lointains. Or, le cancer, dans bien des cas, est une course contre la montre!

Alors, concrètement, que propose la médecine, à l'heure actuelle, aux 3900 Québécois qui, chaque année, développent un cancer du poumon, aux 5000 Ontariens chez qui c'est la prostate qui est atteinte, aux 1400 Albertaines aux prises avec une tumeur au sein, etc.? Un médecin américain, s'adressant à une commission de l'Institut national du cancer a résumé très laconiquement les actions de ses collègues, depuis vingt-cinq ans, dans le traitement des cancers: «Ils coupent, ils droguent, ils brûlent et... ils espèrent.»

Ce constat est très dur, mais il est vrai. Chirurgie, chimiothérapie et radiologie sont depuis longtemps les armes privilégiées pour combattre les cancers. Ces trois techniques, appliquées ensemble ou

séparément, risquent d'ailleurs d'être les seuls outils des médecins pendant plusieurs années encore, du moins pour traiter la majorité des cas. Elles donnent cependant des résultats respectables puisqu'elles vont permettre de sauver la moitié des 125 000 personnes qui, au Canada seulement, vont être atteintes d'un cancer cette année.

Guérir un cancer sur deux grâce à ces traitements de base, ce n'est pas gagner la guerre contre la maladie, mais c'est déjà pas mal. C'est du moins l'opinion du docteur Jacques Cantin, chirurgien à l'Hôtel-Dieu de Montréal: «On peut voir les choses négativement en disant qu'on ne sauve qu'un malade sur deux, mais je constate que lorsque j'ai débuté ma carrière, au milieu des années 60, on n'en guérissait qu'un sur trois. Il y a donc des progrès et il faut être positif.»

À l'hôpital Notre-Dame de Montréal, le docteur Joseph Ayoub se veut aussi optimiste : «C'est vrai que, comme dans le passé, pour guérir les cancers on coupe, on drogue et on brûle les malades. Mais parler comme ça, ce n'est pas dire toute la vérité, car les techniques, dans chacun de ces domaines, ont fait d'énormes progrès au fil des ans. Aujourd'hui on coupe moins, on drogue mieux et on brûle avec beaucoup plus de précision. Ce qu'on appelait avant les *opérations commandos* en chirurgie tellement on coupait n'existent pratiquement plus, au point qu'entre médecins, on parle maintenant souvent de microchirurgie, notamment en ce qui concerne le cancer du sein.»

Mme Lucie Lacombe a été opérée pour un cancer du sein au début des années 70. Aujourd'hui elle est en bonne forme et très active dans un groupe montréalais de bénévoles, *Virage*, qui vient en aide à ceux qui apprennent qu'ils sont atteints de cette maladie. Elle trouve qu'on parle encore trop du cancer comme d'une maladie fatale et qu'on oublie qu'il y a des personnes qui s'en sortent, au moins une sur deux, et qui continuent à vivre «de longues et belles années».

Pour cette «rescapée» d'un temps où la chirurgie n'était pas encore «de la dentelle», il faut reconnaître que les choses ont beaucoup changé, «et pour le mieux», s'empresse-t-elle de préciser. Elle se rappelle une époque douloureuse, physiquement et moralement, pour les malades : «On ne m'avait pas dit ce que j'avais. C'était tabou. Seul mon mari avait été mis au courant. À certains égards, c'était un peu comme le sida aujourd'hui et j'ai vu d'autres femmes –cela ne m'est heureusement pas arrivé à moi– qu'on avait peur de toucher,

«Aujourd'hui on coupe moins, on drogue mieux et on brûle avec beaucoup de précision.»

Opérée pour un cancer du sein, il y a 25 ans, Mme Lucie Lacombe est en bonne forme et très active.

car leurs proches ne savaient pas si elles étaient contagieuses ou non.»

Aujourd'hui, Mme Lacombe veut «être visible». «Il faut que les nouveaux malades voient de leurs propres yeux des exemples bien vivants de victoires contre les cancers.» Et cette ancienne malade ajoute : «Il faut se rendre compte de ce qui m'est arrivé, les traitements que j'ai reçus et les contacts que j'avais avec les gens et le personnel traitant pour comprendre les changements qui sont survenus en un quart de siècle. C'est beaucoup mieux aujourd'hui, techniquement bien sûr, mais aussi humainement.»

On parle encore trop du cancer comme d'une maladie fatale et on oublie qu'il y a des personnes qui s'en sortent, au moins une sur deux, et qui continuent à vivre de longues et belles années.

■ CHAPITRE SIX

La lutte pour la vie

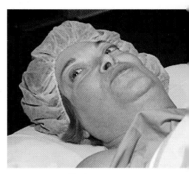

Madame
Denise Clément.

Le 5 octobre 1994, Mme Denise Clément fête son cinquante-troisième anniversaire. Étendue sur une table d'opération de l'hôpital Notre-Dame, elle va se faire enlever une tumeur au sein droit par le docteur Maurice Falardeau.

Drôle d'anniversaire.

«On me fait le cadeau de la vie», dit-elle, avec beaucoup d'émotion alors qu'on prépare l'anesthésie. «Je suis artiste peintre et j'ai l'habitude de voir les choses en beauté mais là, c'est la dure réalité. Un cancer, c'est un choc, un point d'arrêt, toute une remise en question. Je me sens démunie. Je dois faire confiance.»

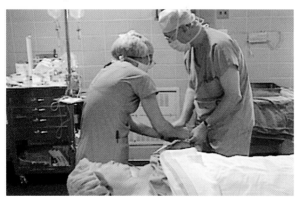

Les yeux sur des radiographies fixées sur des écrans lumineux, le chirurgien prend ses derniers points de repère. «Ce n'est pas classique comme situation. Ici, on voit de petites lésions de micro-calcification. Habituellement, on a une image plus

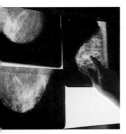

Radiographie
du sein.

étoilée, moins extensive, mais avec un centre plus clair », commente le docteur Falardeau.

Quelques mots chaleureux sont échangés entre le médecin et la patiente avant que le sommeil artificiel ne s'impose. Alors, comme dans un ballet, l'opération commence. Chacun connaît son travail et peu de paroles sont échangées, tout au plus quelques ordres et commentaires. L'intervention durera plus longtemps que prévu, car « il faut aller chercher les ganglions. Il faut savoir si, historiquement, ils sont envahis », explique le docteur. Comme tous les spécialistes, les chirurgiens ont leur langage : « Il y a quinze ans, il est certain qu'une intervention comme celle-ci c'était l'exérèse complète de toute la glande mammaire. Aujourd'hui on va procéder à une résection plus limitée », ajoute le docteur Falardeau pour faire apprécier les progrès réalisés.

Pour Mme Clément, ce moment est décisif. Sa vie en dépend. La tumeur a pris de l'ampleur ces derniers temps et l'opération s'impose au plut tôt, même si elle tombe à la date de sa naissance. Ce cinquante-troisième anniversaire, on peut en être sûr, elle s'en souviendra toujours ! Pour l'équipe médicale par contre, c'est un jour comme un autre. L'intervention a été plus difficile que prévue, mais cela s'est finalement bien déroulé. La routine en quelque sorte...

Le docteur
Maurice Falardeau
opère.

Le temps de nettoyer la salle et c'est déjà une autre opération. Cette fois, c'est le docteur Diane Provencher qui prend la relève pour enlever un cancer des ovaires à Sœur Martine Gravel, quatre-vingts ans, une religieuse qui a été enseignante pendant quatre décennies. Dans le couloir qui la mène au bloc opératoire, probablement pour se rassurer, elle répète que « le Seigneur est avec moi dans cette épreuve ».

Les patients jouent leur vie, l'équipe fait son travail. L'après-midi, deux autres malades seront opérés, pour des tumeurs également, dans la

Le docteur Diane Provencher et sœur Martine Gravel.

même salle de l'hôpital Notre-Dame. Le cancer et la chirurgie s'affrontent ainsi tous les jours dans des milliers d'hôpitaux à travers le monde.

Le docteur Maurice Falardeau est au poste depuis plus de trente ans. Quand il parle de son métier, il est intarissable et encore plein d'enthousiasme.

« Le public croit à tort que l'acte de chirurgie, c'est le dernier recours, le bout de la ligne. Au contraire, dans les faits, le chirurgien est un des premiers professionnels qui va parler au patient pour l'informer du diagnostic. C'est le chirurgien qui a souvent la délicate tâche d'essayer de démystifier, d'expliquer, de rassurer, de préparer le malade pour le meilleur ou –malheureusement parfois– pour le pire. »

Pourquoi ces rôles vous incombent-ils ?

« Parce que, dans le passé, le cancer était toujours traité par la chirurgie. C'était ça ou rien. Depuis ce temps, on a ajouté la radiothérapie, la chimiothérapie et aussi d'autres traitements complémentaires. Pendant une période, il y a une vingtaine d'années, on se demandait d'ailleurs s'il fallait mieux recourir à des actes chirurgicaux *agressifs* ou privilégier plutôt des interventions moins extensives, mais secondées par de la radiothérapie. Alors, traditionnellement, la chirurgie a toujours été au cœur de la lutte contre le cancer et, aujourd'hui encore, dans la majorité des cas,

«C'est le chirurgien qui a souvent la délicate tâche d'essayer de démystifier, de rassurer.»

Le docteur Maurice Falardeau.

c'est l'acte chirurgical qui est toujours la bonne réponse, sinon la seule.»

Les chirurgiens constatent avec plaisir qu'au fil des ans ils doivent intervenir sur des tumeurs de plus en plus petites. Voilà une bonne nouvelle, car cela veut dire que les cancers sont découverts plus tôt. Le raffinement des moyens de diagnostic explique en grande partie cette situation. Mais ce progrès, les médecins en conviennent volontiers, est probablement aussi attribuable à une meilleure sensibilisation du public. On n'attend plus que la bosse suspecte soit énorme ou que les malaises soient insupportables pour consulter un spécialiste. Une identification précoce du cancer peut donc limiter, circonscrire l'usage du bistouri. Le pronostic médical en est alors amélioré et le rétablissement du malade plus rapide et moins traumatisant.

Il n'en reste pas moins que le bloc opératoire est une épreuve très insécurisante pour le cancéreux comme l'explique le docteur Maurice Falardeau : «Je pense que j'ai le devoir d'informer les malades des avantages, des inconvénients et des éventuelles complications associés aux interventions. Je ne peux pas mentir aux patients, mais ces derniers veulent toujours être rassurés. Si, par exemple, une femme a une petite tumeur d'un centimètre au sein, je lui dis qu'elle a 90% de chances de s'en sortir. Pour un médecin, c'est un excellent pronostic. Mais la dame, elle, pense surtout aux 10% qui restent... Alors il faut comprendre, faire preuve de doigté. Il y a aussi des cancéreux très malades qui nous demandent de soulager leurs douleurs et de les laisser aller. Cela arrive régulièrement. Dans ces cas, la discussion est plus facile si on a développé une bonne relation avec le patient, lorsqu'on a sympathisé pendant deux, trois, cinq ans avant d'en arriver là. Mais c'est toujours difficile pour moi de dire à quelqu'un : "C'est fini, on n'a plus rien à vous offrir."

«Les gens, à tort ou à raison, ont beaucoup plus peur du cancer que de certaines autres maladies.»

Pour vous, un professionnel d'expérience, le cancer c'est quoi ?

« C'est la lutte pour la vie, la bataille d'une personne contre un agresseur. Le cancer est un ennemi imprévisible. Ses attaques ont aussi des impacts psychosomatiques. Les gens, à tort ou à raison, ont beaucoup plus peur du cancer que de certaines autres maladies. Il y a toujours un impact psychologique majeur et c'est pour ça qu'il faut entourer, soutenir les patients et souvent leur famille aussi. Le travail du chirurgien, dans ce cas, n'est pas seulement un acte technique. »

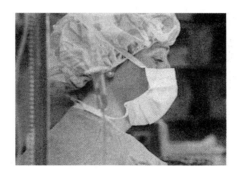

■ CHAPITRE SEPT

La radiothérapie

Technicienne en radio-oncologie, Angèle Simard travaille à son ordinateur. Elle mesure, puis cible la prostate d'un cancéreux. «Cette zone va recevoir 90 % de la dose, celle-ci 50 %», explique-t-elle. On est toujours à l'hôpital Notre-Dame de Montréal, mais on pourrait tout aussi bien se croire dans une salle d'état-major à la veille d'une mission de bombardement. L'ambiance, la propreté immaculée des lieux, les ordinateurs ultramodernes, les malades qui attendent patiemment dans la salle adjacente en lisant *Elle*, *L'actualité* et d'anciens *Paris Match*. La radio-oncologie d'aujourd'hui n'a rien à voir avec les scènes

Salle d'attente
à l'hôpital Notre-Dame.

de saleté, de brûlures extrêmes et de misère humaine si dramatiquement décrites par Alexandre Soljenitsyne dans *Le pavillon des cancéreux*.

Grâce au programme de son ordinateur, Mme Simard arrive à viser avec précision des tumeurs beaucoup moins grosses que des petits pois. Tous les graphiques du traitement sont donc enregistrés d'avance sur une disquette placée dans une des impressionnantes machines à irradier. Une infirmière aide ensuite le malade à s'installer, car le corps doit absolument être dans une position donnée en fonction de l'endroit que la machine doit traiter.

Lorsque la procédure débute, le cancéreux est seul dans la salle de radiothérapie. Il ne souffre pas, il lui faut juste attendre que les minutes passent.

Pour se relaxer, certains malades demandent de la musique.

« On nous questionne : Est-ce que cela va me faire mal ? Est-ce que je vais être malade ? Est-ce que je vais avoir la diarrhée, mal au cœur ? Les interrogations sont toujours les mêmes. La première fois, c'est impressionnant, mais après les gens s'habituent rapidement, même les enfants », explique Rachel Beauchemin, l'infirmière de service. Une collègue, Francine Lamarre, renchérit : « Par l'intermédiaire d'un système de microphones, on reste en contact permanent avec les patients et s'il y a le moindre problème, on peut stopper la machine immédiatement. »

« Ici, c'est une véritable guerre. On bombarde les tumeurs.»

En cette journée de début octobre, près de deux cents malades, hommes et femmes, jeunes et vieux, ont visité l'unité dirigée par le docteur Jean-Pierre Guay. « On livre une vraie bataille ici, c'est une véritable guerre. On bombarde les tumeurs. Faut voir nos appareils, on dirait des canons, des accélérateurs. On les masque pour ne pas faire peur aux patients. On envoie des ondes électromagnétiques à travers le patient ; c'est essentiellement de la lumière, mais avec une longueur d'onde plus courte et plus pénétrante », explique le médecin.

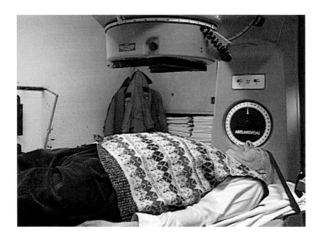

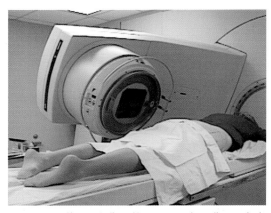

L'arsenal d'un département de radio-oncologie est diversifié. Il va de l'appareil de radiothérapie conventionnel à l'accélérateur linéaire.

En fait, la cible de la radiothérapie, c'est le cœur de la cellule cancéreuse. En le brûlant avec des rayons, on veut occasionner des bris au niveau des chromosomes. Abîmée, la cellule cancéreuse ne pourra plus se reproduire et le cancer sera arrêté. Le défi, c'est bien sûr de ne détruire que les cellules malades, celles qui ne veulent pas se « suicider » naturellement. Il faut épargner au maximum les cellules saines qui se trouvent dans les environs. D'où l'importance d'utiliser une technologie qui permette une précision maximale.

L'arsenal d'un département de radio-oncologie est diversifié. Il va de l'appareil de radiothérapie conventionnel à l'accélérateur linéaire. Dans le langage du milieu, on parle de « variété de faisceaux ». Pour les tumeurs qui sont en surface, donc faciles à atteindre, on privilégie un faisceau de faible puissance. Mais lorsque la tumeur se trouve, par exemple, au centre de l'abdomen, il faut souvent avoir recours au faisceau plus pénétrant de l'accélérateur linéaire. « L'idée, c'est de toujours donner la dose de radiations suffisante pour attaquer la tumeur tout en protégeant les tissus sains

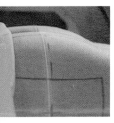

« Une technologie qui permet une précision maximale. »

qui sont autour », explique le chef du département.

Grâce aux progrès de la physique, la physique nucléaire en particulier, la radiothérapie a fait des bonds considérables depuis vingt-cinq ans. De la même façon que les recherches sur la cellule ont aussi profité à l'agriculture et à l'environnement, celles sur l'atome ont eu des retombées positives dans le traitement des tumeurs.

En Colombie-Britannique, le mariage entre l'atome et le cancer est particulièrement visible grâce au projet TRIUMF. Il s'agit d'un accélérateur –plus grand qu'un supermarché– qui est utilisé par des physiciens nucléaires pour l'étude des particules infiniment petites qui composent l'atome. Mais des médecins utilisent la puissance et les capacités de cet appareil pour soigner des cancéreux. L'idée est alors de faire « se désintégrer » certaines particules au sein même des tumeurs, notamment celles qui attaquent la prostate, le cerveau et l'œil. Il s'agit d'un procédé d'avant-garde, presque de science-fiction, et de très haute précision. Il est cependant illusoire de croire que toutes les villes puissent se payer ce genre d'accélérateur. C'est pourquoi, dans de tels cas, même si des séances ont lieu toutes les semaines, les spécialistes parlent toujours de traitements expérimentaux. Toutefois, après dix ans de pratique

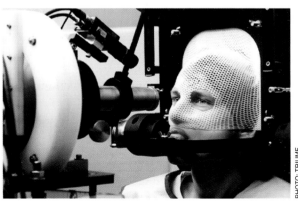

Patient traité dans le cadre du projet TRIUMF.

PHOTO: TRIUMF

PHOTO: TRIUMF

environ, les résultats obtenus grâce à l'accélérateur de TRIUMF sont considérés, dans le jargon médical, comme « satisfaisants et prometteurs ».

La sophistication et l'augmentation de la puissance des appareils ont d'ailleurs été des facteurs déterminants dans l'amélioration des techniques de radiothérapie. Il n'y a pas si longtemps, lorsqu'on « attaquait » une tumeur située en profondeur, on brûlait plus les tissus de surface que la tumeur elle-même. D'où de nombreux effets secondaires, souvent gênants, parfois très graves. Donc, et cela peut paraître contradictoire, on brûlait plus parce qu'on manquait de puissance. Aujourd'hui, grâce à l'amélioration des faisceaux, on irradie de façon plus sélective.

« Les progrès sont lents, mais ils sont réels. Grâce à la radiothérapie, mais aussi à la chirurgie et à la chimiothérapie, on fait de mieux en mieux et, chaque année, on guérit environ 1 % de malades en plus, ce qui est encourageant. Et pour certains autres patients que le cancer va finalement emporter, nos techniques arrivent à provoquer des rémissions de plus en plus longues, vivables et valables », explique le docteur Jean-Pierre Guay.

Il est sans doute heureux de constater que ceux qui sont en première ligne, les médecins et les infirmières qui côtoient quotidiennement les cancéreux, soient enthousiastes et positifs. Ceux qui sont *au front* depuis deux décennies et plus ont d'ailleurs pu mesurer eux-mêmes les progrès réalisés scientifiquement, techniquement et humainement dans cette bataille. Mais la taille des machines et leurs performances souvent impressionnantes ne sont pas suffisantes. Il faut en effet garder à l'esprit que, cette année encore, 61 500 Canadiens vont mourir à cause d'un cancer. La cellule cancéreuse, si minuscule soit-elle, résiste encore, refuse toujours de se rendre, de livrer tous ses secrets.

Modeste devant la situation et les limites de sa science, le professeur Claude Jasmin fait le constat suivant : « Quand j'ai commencé dans la profession, je croyais que la cellule cancéreuse était une sorte de monstre totalement étranger à l'organisme humain. Pour guérir, il fallait donc se débarrasser de cet étranger. Aujourd'hui, je me suis rendu compte que cette cellule cancéreuse n'est en fait rien d'autre que la sœur jumelle de la cellule normale. Et c'est là que réside le grand problème. Comment, lorsqu'on attaque, faire la différence entre ces deux cellules ? Le défi, à l'heure actuelle, c'est d'identifier des différences très fines, très efficaces, afin de nous permettre de tuer les unes tout en épargnant les autres. Mais voilà qui est plus facile à dire qu'à faire. Les techniques qu'on a utilisées jusqu'à maintenant, comme la chimiothérapie, la chirurgie et la radiothérapie, n'ont malheureusement pas été assez subtiles pour faire cette différence en ne tuant que les cellules malades. On a fait des progrès remarquables en trente ans, en prolongeant la vie et en guérissant aujourd'hui une personne sur deux, mais ce n'est pas suffisant. La chimiothérapie qui portait de grands espoirs au début a toujours des limites, elle a toujours des effets toxiques, et ce n'est pas un traitement miraculeux. La grande difficulté selon moi, encore une fois, c'est la parenté, le fait que les cellules malades et les saines soient si semblables. »

> La grande difficulté c'est le fait que les cellules malades et les cellules saines soient si semblables.

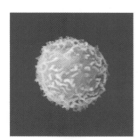

Cellule saine.

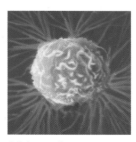

Cellule cancéreuse.

▶ RADIO-ONCOLOGIE ◀

Un service de radiothérapie bien équipé dispose de toute une gamme d'appareils. Il y en a, par exemple, un petit, qui ressemble à un aspirateur, mais qui émet des rayons X et qui sert à traiter les tumeurs qui sont en surface comme certains cancers de la peau ou de l'œil.

Mais plus la tumeur est profonde, plus l'appareil doit être performant. Ainsi, lorsque les cellules malades sont situées dans le bassin ou quand le patient est obèse, il faut une machine très puissante, capable de traverser les tissus pour atteindre avec force l'endroit recherché.

L'énergie de tous ces appareils vient principalement de deux sources. La première, la plus connue, c'est l'électricité, pour faire des rayons X. La seconde, c'est le cobalt. Dans sa lente transformation naturelle en nickel, le cobalt émet un rayonnement gamma qui est utilisé en radio-oncologie. Concrètement, dans la machine, un petit bloc de cobalt, pas plus gros qu'un cube de glace, est déplacé afin d'irradier avec précision les endroits du corps visés par le traitement.

Mais, plus simplement, on peut dire que la radiothérapie, c'est comme un jeu de fléchettes dont la tumeur cancéreuse est la cible. Les fléchettes sont des électrons ou des rayons particulièrement efficaces lorsqu'ils frappent leur objectif juste au moment où les cellules s'apprêtent à se multiplier. Et c'est pour viser juste, et au bon moment, qu'il faut des machines très sophistiquées.

■ CHAPITRE HUIT

La chimiothérapie

« **P**our un hôpital de 911 lits, nous avons chaque jour environ 1200 ordonnances, 9000 doses et, là-dessus, une vingtaine de traitements de chimiothérapie. » Responsable de la pharmacie à l'hôpital Notre-Dame de Montréal, Francine Tétrault a le même réflexe que de nombreux autres professionnels de la santé : dès que le mot cancer est prononcé, elle parle aussitôt des progrès extraordinaires réalisés ces dernières années. Que cela soit en Europe ou en Amérique du Nord, cette réaction est souvent la même. Une manière sans doute de constater les faits, mais surtout de s'encourager, d'entretenir l'espoir.

En chimiothérapie, donne-t-on les mêmes doses qu'il y a dix ans ? « Non, pas tout à fait. Aujourd'hui les doses sont souvent plus importantes », répond la pharmacienne. Elle précise toutefois que cela ne veut pas dire pour autant qu'il y ait plus d'effets secondaires, car « on arrive à les contrecarrer, partiellement du moins, avec d'autres médicaments ». La qualité de vie des patients est devenue une priorité, assure-t-on dans tous les hôpitaux.

Visage boursouflé, cheveux qui tombent, nausées, vomissements, etc., la chimiothérapie n'a pourtant pas très bonne réputation dans le public. Pour beaucoup de monde, c'est tout au plus un mal nécessaire, car la perspective d'être malade, de souffrir après chaque administration n'est pas réjouissante. Chimiothérapie peut aussi, pour des patients et leur famille, être synonyme de laideur, voire de perte de dignité.

«J'ai dit au docteur : d'accord avec la chirurgie et la radiothérapie, mais je ne veux rien savoir de la chimiothérapie », raconte Mme Yvette Bastien, septuagénaire traitée pour un cancer de l'utérus. Heureusement pour elle, son état n'a pas nécessité de chimiothérapie. Mais dans de nombreux cas la prise de fortes doses de médicaments est indispensable. C'est encore une des armes de base de la lutte contre les cancers, surtout pour venir relayer la chirurgie.

Les médicaments qui forment l'arsenal de la chimiothérapie sont nombreux. Ils vont des antibiotiques aux sous-produits de technologies avancées en génétique. Il faut dire que tous les cancers ne se traitent pas avec une seule prescription. «Les mêmes médicaments peuvent être utilisés dans différents cas de maladie. C'est cependant l'association des différents agents, les doses, les horaires et les rythmes d'administration qui vont agir plus sur un cancer que sur un autre », explique Francine Tétrault. Cette professionnelle parle d'une chimiothérapie aujourd'hui «plus rationnelle, plus pensée qu'auparavant ». Et elle ajoute : « On essaie d'avoir plus de spécificité, de limiter au maximum nos attaques aux seules cellules malades. »

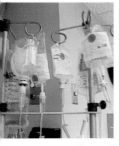

L'arsenal de médicaments.

Depuis une dizaine d'années, l'accent a été mis sur une augmentation des performances des produits ainsi que sur une diminution des effets secondaires. Pour les médecins et infirmières, les résultats sont bons, mais pour les malades, la chimiothérapie reste encore souvent une épreuve difficile. « Après chaque séance, ma femme est méconnaissable pendant quelques jours », dit un homme qui accompagne son épouse malade au département d'oncologie de l'hôpital Notre-Dame. Un homme relativement jeune, et qui ne veut pas dire de quoi il souffre, trouve au contraire « que c'est moins pire que ce qu'on m'avait dit ».

Francine Tétreault, pharmacienne, hôpital Notre-Dame.

Avec les nouveaux médicaments, cherche-t-on surtout à mieux cibler la maladie ou plutôt à réduire au maximum les effets indésirables ? Le pharmacien Édouard Desmangles répond : « Les deux en réalité. Mais combattre la maladie est le souci premier. Ensuite, on tente d'améliorer la molécule de façon à diminuer les effets indésirables. »

Un sujet délicat lorsqu'on aborde ces tristement fameux effets secondaires, c'est celui des coûts de certains médicaments. La chimiothérapie, en elle-même, est déjà chère. « Il y a un nouveau produit, très bon, dont le taux d'efficacité pour atténuer la toxicité est nettement supérieur à tout ce que nous avions de disponible jusqu'à présent, mais il revient à 1200 dollars la séance pour le bénéficiaire. Et comme il faut la répéter six fois, cela veut dire environ 8000 dollars pour tout le traitement », explique Mme Tétrault, directrice du service, et qui, en tant que pharmacienne, a aussi un œil sur le budget.

> On essaie de limiter au maximum nos attaques aux seules cellules malades.

Un peu embarrassée, elle reconnaît que certains médicaments ne sont pas administrés. « Le manque d'argent est un problème pour traiter certains patients », admet-elle, résignée.

Est-ce que cela veut dire que ces malades ne reçoivent pas, faute de moyens financiers, le meilleur traitement ?

Préparation
des médicaments.

« Non, on trouve très souvent un protocole de traitement tout aussi efficace mais qui a plus d'effets secondaires, ce qui, en fin de compte, affecte temporairement la qualité de vie du patient. »

Sans restrictions budgétaires, pourrait-on diminuer les effets néfastes des médicaments ?

« Oui, mais sans modifier toutefois le taux de survie des malades. Le personnel traitant est souvent frustré de ne pas pouvoir administrer le meilleur médicament, celui qui est efficace et qui comprend le moins d'effets secondaires, à toute la population. On explique cela aux patients et, en général, ils comprennent. »

Tous les traitements de chimiothérapie n'ont pas des coûts exorbitants, heureusement. Les médicaments pour soigner un cancer du sein, par exemple, reviennent à environ 1200 dollars.

Dans les hôpitaux, on attend avec impatience les « médicaments de l'avenir » qui seront, du moins le souhaite Francine Tétrault, moins chers, plus efficaces et moins toxiques pour les malades.

Voilà qui est certainement beaucoup demander pour demain. Peut-être faudra-t-il attendre après-demain...

LA CHIMIOTHÉRAPIE

Il y a des mots qui font peur et chimiothérapie est sans doute un de ceux-là. Dans le cas des cancers, il faut admettre que certaines chimiothérapies –pas toutes cependant– soumettent les malades à des épreuves physiques et psychologiques très dures. Mais la chimiothérapie reste une avenue encore trop souvent incontournable dans le traitement de la maladie.

La chimiothérapie est un cocktail de produits qui doit empêcher les cellules malades de se multiplier et, en fin de compte, les détruire totalement. Pour remplir ces objectifs, le mélange doit donc être savamment dosé afin que les médicaments agissent avec le plus d'efficacité possible sur les différentes phases de reproduction des cellules cancéreuses.

Dans l'exemple d'un traitement du cancer du sein métastatique (donc un cancer avancé, qui se répand), la chimiothérapie peut comprendre trois médicaments qui sont injectés tous les 21 jours.

- Le 5-fluorouracile doit surtout provoquer une diminution de la synthèse de l'ADN.
- L' épirubicine, qui fait partie de la famille des antibiotiques et qui doit bloquer la synthèse de l'ADN, de l'ARN et de certaines protéines.
- La cyclophosphamide, qui a plus ou moins les mêmes fonctions que l'épirubicine.

Un tel traitement peut être assorti de médicaments qui atténuent certains effets secondaires assez pénibles. Un des problèmes majeurs est, bien sûr, la toxicité des produits.

Même si ses composantes ont des noms barbares, le cocktail de cette chimiothérapie est tout de même administré en tenant compte de facteurs humains comme la qualité de vie du malade et le maintien de son état fonctionnel.

■ CHAPITRE NEUF

Le cancer et l'argent

Devant le drame des personnes atteintes de cancer ou à la pensée de dizaines de milliers de Canadiens que la maladie emporte chaque année, il peut paraître dérisoire de parler d'argent. Malheureusement, c'est aussi un des nerfs de la guerre, tout comme les listes de patients qui attendent d'être opérés ou de recevoir des traitements de radiothérapie. En fait, c'est la combinaison des trois traitements de base, chirurgie, radiothérapie et chimiothérapie qui est directement touchée par les contraintes budgétaires.

Aux États-Unis, les malades riches –ou très bien assurés– peuvent avoir accès aux meilleurs services. Le *roi dollar* permet de tout obtenir. Pour les pauvres, la réalité est bien sûr moins rose. Au Canada, la situation est différente puisque tout le monde, du moins en principe, a accès aux mêmes soins. Dans ce cas, les restrictions budgétaires, lorsqu'elles s'appliquent, touchent tous les malades, pas seulement les plus démunis. Encore que, dans certaines provinces canadiennes, les choses, dans ce domaine, vont mieux que dans d'autres. «Nous n'avons pas le meilleur système hospitalier du monde, mais c'est le moins pire», dit le docteur Jacques Cantin, de la Société canadienne du cancer.

«Les cas urgents sont opérés», assure-t-on dans les hôpitaux montréalais. C'est probablement vrai, du moins pour la majorité des cancers. Mais cela ne rassure qu'à moitié le malade et sa famille. Le cancer, nous disent les psychiatres spécialisés, c'est aussi souvent une grande détresse chez la personne affectée. Pour elle, la notion d'urgence n'a pas la même résonance que pour le système hospitalier. Et si en plus, à cause de moyens limités, ce même malade sait que les effets secondaires des séances de chimiothérapie seront pénibles, voilà que se dressent des obstacles psychologiques bien superflus dans la terrible bataille qui se déroule.

Face à cette question des coûts et des compressions budgétaires, les soldats de la guerre contre le cancer que sont les médecins du front ont des opinions nuancées. Ils sont un peu coincés d'un côté, par un pragmatisme obligé, et de l'autre, par une certaine gêne devant le malade et ses préoccupations.

«Les patients dont les cellules se multiplient rapidement sont traités en priorité.»

Le docteur Jean-Pierre Guay.

Le docteur Jean-Pierre Guay est directeur du département de radio-oncologie à l'hôpital Notre-Dame de Montréal. À l'automne 1994, son unité traitait 200 malades, alors que 130 étaient sur des listes d'attente, faute d'appareils et de spécialistes pour donner les traitements. «Il ne fait aucun doute que les patients sont affectés par cette situation. Au départ, quand on a le cancer, il y a une immense souffrance morale. Alors un délai dans le diagnostic, puis un autre pour l'opération, puis une autre attente imprévue de six à huit semaines, tout cela crée de l'anxiété, de la souffrance.»

Est-ce que cela a un impact sur la survie du malade?

«Je ne peux pas affirmer que non. Le cancer est une maladie qui progresse, ce sont des cellules qui se multiplient. Naturellement, nous faisons des choix et les patients dont les cellules se multiplient rapidement sont traités en priorité. Actuellement, sur les listes d'attente, beaucoup d'hommes souffrent d'un cancer de la prostate. Généralement, c'est une tumeur qui évolue lentement, au point que, parfois, on hésite entre l'abstention thérapeutique et le traitement. Donc, dans un groupe comme celui-là, on fait une sélection. Les malades plus jeunes, dont les tumeurs sont plus agressives,

vont passer un petit peu avant les autres. On se passerait bien de faire ces choix, c'est toujours difficile, mais la réalité est ce qu'elle est, alors on tient compte de facteurs comme l'âge des malades et l'agressivité des tumeurs. »

Une étude révélait, en novembre 1994, qu'un malade montréalais devait attendre six à sept fois plus de temps pour se faire opérer qu'un Bostonais (bien assuré, il faut présumer...). Pour le chirurgien Maurice Falardeau, c'est une situation « inquiétante ». Il remarque toutefois que « lorsque c'est un délai de quelques semaines, c'est relativement acceptable. À moins qu'il y ait une hémorragie ou des complications bien sûr. Il nous faut soigner à la fois la situation médicale du patient et son inquiétude. Si on dit au malade qu'il est sur une liste d'attente et qu'il va être opéré dans cinq à six semaines, c'est qu'on estime que le cancer ne va pas tellement évoluer durant ce temps-là. Mais la détérioration psychologique du malade, c'est autre chose. Encore une fois, un chirurgien ne soigne pas juste un cancer, mais avant tout une personne qui a le cancer. »

Donc, les restrictions budgétaires vous affectent.

« Oui, cela nous affecte. Dans la façon de voir les choses, dans le temps dont on dispose pour agir. Par contre, une fois que le malade est sur la table d'opération, non, les restrictions budgétaires n'ont pas d'influence. Mais je dois dire que, pour moi, des moyens plus limités sont aussi des défis. Par exemple, pour le cancer du sein, on avait une moyenne d'hospitalisation beaucoup plus longue il y a quelques années. On faisait sans doute trop d'investigations, de radiographies et d'autres tests que, comme cliniciens, on n'utilisait pas toujours. Les restrictions budgétaires, dans un cas comme celui-là, nous ont permis d'être beaucoup plus sélectifs dans nos approches. »

> L'argent, dans la lutte contre le cancer, est une réalité incontournable.

Le docteur Jacques Cantin, chirurgien lui aussi, parle de «responsabilité» lorsqu'on aborde les problèmes de la lutte contre le cancer, surtout les aspects financiers. C'est le genre de question qui l'anime. «Il faut au maximum montrer aux gens la moitié du verre qui est plein au lieu d'insister sur la moitié qui est vide. Oui, il y a des problèmes, ici et partout dans le monde. Il est impossible que tous et toutes soient traités pour tous les cancers demain matin. Nous n'en avons pas les ressources. Mais regardez les 15 % d'Américains qui ne peuvent pas se faire soigner. Pour eux, ce n'est pas une simple question de délai, c'est un problème de moyens financiers. Je pense qu'il est irresponsable d'exagérer les problèmes que nous avons ici. Il nous faut encourager, aider le gouvernement à les régler, mais la situation n'est pas pire qu'ailleurs puisque nos résultats avec les patients, en fin de compte, sont les mêmes qu'aux États-Unis et qu'en Europe. »

Mammographie.

On le constate, il est impossible de dissocier l'argent de la lutte contre les cancers. Le prix des médicaments, celui des appareils, les délais, etc., sont aujourd'hui des réalités incontournables. D'autant plus que si le manque de ressources financières affecte les malades et les hôpitaux, il touche aussi les recherches en laboratoire.

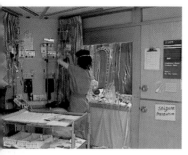

Chimiothérapie.

En effet, une compétition féroce a lieu entre les chercheurs pour se partager les fonds disponibles, soit une cinquantaine de millions par année pour les laboratoires canadiens. «Seuls les meilleurs projets sont acceptés, c'est-à-dire les plus prometteurs», reconnaît-on à la Société canadienne du cancer. Heureusement, comme la grande majorité des recherches subventionnées porte sur des travaux fondamentaux, essentiellement l'étude des cellules saines et malades, il n'y a pas de rivalité entre les cancers.

Il est cependant intéressant de constater que le manque d'argent facilite le changement de mentalité du milieu médical que souhaite depuis longtemps le docteur John Bailar, de l'université McGill. C'est la prévention du cancer qui doit avoir priorité sur les traitements, dit-il. Il explique, et cela paraît logique, que «prévenir coûte moins cher que guérir». Mais, évidemment, un tel discours, s'il est écouté et adopté, ne profitera qu'aux générations futures, du moins à ceux qui sont encore très jeunes aujourd'hui.

Or, cette année encore, 125 000 Canadiens et plus d'un million d'Américains vont se présenter dans les hôpitaux avec un cancer. Pour eux, la prévention, c'est trop tard. La maladie est là avec ses souffrances, sa détresse et ses risques. Et ces malades veulent être soignés, rassurés, guéris. Le personnel soignant doit alors mettre de côté ses frustrations et se débrouiller avec les moyens du bord. Et heureusement pour les Nord-Américains, ces moyens, même s'il y a des lacunes, sont encore bien supérieurs à ceux dont disposent la plupart des autres pays.

Mais ce genre de comparaison est, bien sûr, une autre histoire.

■ CHAPITRE DIX

Le grand progrès: les enfants

«J'étais très malade, mais, en même temps, sûre de m'en sortir.»

Isabelle Desfossés

Lorsqu'on parle des cancers, le découragement peut facilement s'installer. La guerre est dure, sans merci, et la maladie, qui perd du terrain dans les laboratoires, résiste encore farouchement dans les hôpitaux.

Pour s'encourager, et au besoin pour se remonter le moral au lendemain d'un échec, ceux qui combattent le cancer quotidiennement constatent les progrès remarquables obtenus avec les enfants depuis vingt ans. Avec les plus jeunes, la guerre est, après tout, peut-être en train d'être gagnée. Car si, aujourd'hui, on sauve un adulte sur deux, on guérit déjà deux enfants sur trois. Selon une étude américaine, depuis 1950 la mortalité infantile due aux cancers aurait reculé de 40%, avec des améliorations spectaculaires pour la maladie de Hodgkin, les tumeurs rénales, les leucémies et les tumeurs osseuses.

Il n'y a pas de mots assez forts pour décrire le malaise, la tristesse, la révolte aussi qu'on peut éprouver devant un enfant de cinq ou six ans qui souffre d'un cancer. Alors, sans doute un réflexe normal, on parle avec enthousiasme des belles histoires de jeunes qui avaient la leucémie et qui sont aujourd'hui très bien portants, dont les cheveux ont repoussé, qui ont repris l'école et qui, symbole de la santé retrouvée, jouent même au hockey. Le scénario est presque toujours hollywoodien : le héros sympathique est traîtreusement attaqué par un cancer, la bataille est terrible mais, justice oblige, l'enfant remporte la victoire. Ces

Isabelle Desfossés
et sa mère
Manon Laneuville.

reportages sont nécessaires, « ils font du bien »,
pour reprendre les paroles d'une bénévole qui
œuvre auprès des enfants malades.

L'histoire d'Isabelle Desfossés, qui est aujour-
d'hui une belle jeune fille de seize ans, au sourire
éclatant et à la tignasse blonde et épaisse, est
presque classique. Elle avait treize ans lorsque les
médecins ont découvert qu'elle souffrait d'une
leucémie. Sa première question à l'annonce du
diagnostic : « Est-ce que je vais mourir ? » Admise
à l'hôpital Sainte-Justine, à Montréal, elle est
soumise à des traitements de chimiothérapie.
L'épreuve est difficile. Nausées, vomissements,
pertes de cheveux, souffrances morale et physique,
etc. Rien ne lui est épargné. « J'étais très malade
mais, en même temps, sûre de m'en sortir. Mon
moral était bon et ma mère m'aidait sans cesse.
Je ne me rendais pas tout à fait compte que j'avais
un cancer, le mot ne résonnait pas bien dans mes
oreilles. Pour moi c'était simplement une maladie,
mais cela me faisait peur quand je voyais, certains
jours, que d'autres enfants n'étaient plus là parce
qu'ils étaient morts... »

Les derniers tests de sang qu'Isabelle Desfossés
vient de subir sont excellents. Voilà une bonne
nouvelle puisque, avec la leucémie, s'il n'y a pas

de rechute dans les trente mois qui suivent le traitement, le pronostic est alors très bon. Confiante, elle remercie le personnel de l'hôpital « qui a été si gentil avec moi », et parle maintenant de devenir infirmière pour soigner les enfants. Elle dit que l'épreuve l'a changée, l'a fait vieillir « plus vite » et

Isabelle, sa mère et le docteur Jocelyn Demers.

que « ses priorités dans la vie ne sont plus les mêmes ». Le papier avec les résultats de ses tests bien serré dans la main, elle ajoute : « Quand je reviens sur l'étage et que je vois les autres enfants malades, cela me fait mal au cœur et j'ai envie de leur dire : Lâchez pas, à un moment donné, ça va bien aller. »

Le cancer d'un enfant, c'est aussi celui de ses parents. Manon Laneuville, la mère d'Isabelle, a dû affronter l'épreuve seule. « Au début, c'est comme une tempête, un volcan qui explose. On n'y croit pas et on pense que les médecins se trompent. Puis, devant le courage de ma fille, j'ai décidé de l'appuyer de toutes mes forces, jusqu'au bout. C'était comme si on était sur un bateau avec Isabelle à la barre et moi comme matelot. Une fois on a parlé, elle et moi, pendant plus de trois heures, de la mort. On a vécu toutes les deux au jour le jour. »

Les plus mauvais moments, pour la mère, c'étaient les séances de chimiothérapie : « C'est tellement fort et ça agit si vite. La première fois, cela n'a pas pris deux minutes avant qu'Isabelle soit très malade. » Aujourd'hui, la bataille presque gagnée, elle parle de sa fille comme d'un rayon de soleil, et la complicité qui existe entre elles saute aux yeux. Elles reviennent de si loin !

Isabelle Desfossés a été soignée dans le cadre d'un « protocole » comme disent les médecins. Il s'agit d'un programme de pointe et de recherche qui permet d'administrer aux malades, sous une surveillance constante, de nouveaux médicaments

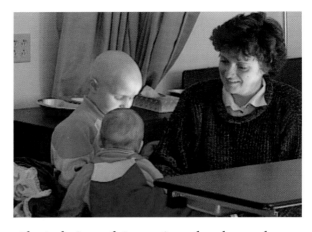

et les techniques thérapeutiques les plus modernes. En Amérique du Nord, plus de 80 % des enfants qui ont le cancer, contre seulement 3 % des adultes, sont ainsi suivis dans le cadre d'un protocole. Des chercheurs comme l'épidémiologiste John Bailar, pensent d'ailleurs que le seul fait d'être traité dans un hôpital universitaire, dans le cadre d'un protocole, joue en faveur d'un pronostic positif.

Ce « traitement de faveur » fait aux enfants est possible parce qu'il est relativement facile de rassembler, dans un lieu donné –un hôpital universitaire en l'occurence– tous les enfants cancéreux d'une région. Avec les adultes, beaucoup plus nombreux, cela est difficile, à cause de l'immensité géographique du Canada et des États-Unis, et de la dispersion des malades.

Chez les adultes, le cancer du poumon fait des ravages considérables puisqu'on lui attribue plus du tiers des cas. En plus, il s'agit d'un cancer difficile à guérir avec un pronostic défavorable pour 85 % des personnes atteintes. Chez les enfants, c'est la leucémie, le cancer du sang, qui représente un peu plus de 30 % des cas. Mais ici les chances de guérison avoisinent aujourd'hui le chiffre très appréciable de 80 %. Voilà qui explique aussi pourquoi la lutte contre le cancer donne, con-

> Selon une étude américaine, depuis 1950 la mortalité infantile due au cancer aurait reculé de 40 %.

crètement et statistiquement, de meilleurs résultats auprès des jeunes.

À l'instar d'Isabelle Desfossés, deux enfants sur trois guérissent du cancer en Amérique du Nord et en Europe. Pourtant, les chiffres montrent que, globalement, les morts dues à cette maladie augmentent. C'est que les enfants touchés par la maladie ne représentent que 0,5 % de tous les cancéreux et que 0,25 % des décès. Ces chiffres ne sont pas assez significatifs pour influencer positivement les données globales sur les cancers. Lorsqu'on regarde dans son ensemble la grande bataille qui est en cours contre la maladie, les belles victoires obtenues avec les jeunes cancéreux ont donc beaucoup plus de poids moralement que statistiquement.

À l'hôpital Sainte-Justine à Montréal, le docteur Jocelyn Demers est presque « une institution » tellement son nom est lié aux enfants cancéreux. Depuis une vingtaine d'années, ce médecin est de tous les combats dès qu'il est question du cancer chez les enfants. Il a également publié un ouvrage, *Victimes du cancer, mais des enfants comme les autres* et plusieurs articles sur le sujet. Selon lui, avec un taux de guérison de 65% chez les jeunes, « on peut dire qu'on voit la lumière au bout du tunnel ». Concrètement, il donne l'exemple de la leucémie : « Dans les années 70, on ne guérissait aucun cas de ce type de cancer. C'était alors une maladie fatale. Aujourd'hui, pour la leucémie lymphoplastique aiguë, celle qui est la plus commune chez l'enfant, on sauve 80% des jeunes. »

Toutefois, pour le docteur Demers, les plus grands progrès réalisés l'ont été surtout dans la lutte contre « le tabou » qu'était le cancer pédiatrique : « On a appris qu'en disant la vérité, on pouvait obtenir davantage de l'enfant et de sa famille et donc, par ricochet, parvenir à de meilleurs résultats. »

Le docteur Jocelyn Demers avec un jeune patient.

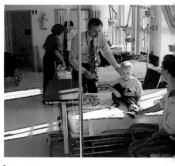

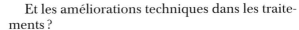

«On a appris qu'en disant la vérité, on pouvait obtenir davantage de l'enfant et de sa famille et, par ricochet, parvenir à de meilleurs résultats.»

Le docteur Jocelyn Demers.

Et les améliorations techniques dans les traitements ?

«On s'est tourné résolument vers la polychimiothérapie et vers des mégadoses de médicaments. Des approches plus lourdes en quelque sorte, mais avec un taux de réussite plus élevé à long terme. Bien sûr, il nous a fallu aussi développer les traitements dits de soutien, notamment l'antibiothérapie pour sauver les enfants lorsqu'ils faisaient des infections.»

Les tissus des enfants ne réagissent-ils pas mieux, biologiquement et physiologiquement, que ceux des adultes ?

«Tout à fait. Et puis un enfant est en bonne santé avant de tomber malade. Alors on exploite ce côté fort de l'enfant qui est en possession de tous ses moyens de récupération. Les adultes sont, eux, en général déjà un peu usés. Donc, on administre des traitements plus agressifs aux jeunes, mais avec la certitude qu'ils peuvent ainsi s'en tirer beaucoup mieux et, surtout, beaucoup plus vite.»

Les enfants bien entourés par leurs parents guérissent-ils mieux ?

«C'est mon impression, basée sur l'expérience, mais je n'ai pas de preuves scientifiques. Soigner un cancer, c'est suivre de très près un protocole de traitement. L'enfant qui est bien soutenu, qui est aimé et entouré aura un meilleur moral et participera donc probablement mieux aux soins qui lui sont administrés. Dans un tel contexte, le résultat est effectivement souvent plus positif.»

Comment se font vos premiers contacts avec les enfants cancéreux ?

« Au début, ils sont atterrés, un peu pris de panique par l'annonce de la maladie. Et il faut bien leur parler des traitements et de la perte des cheveux qui vient compliquer les choses, car c'est avec ça que l'enfant se perçoit un peu comme anormal puisqu'il ne ressemble plus aux autres. Mais une fois l'effet de choc passé, ils apprennent vite à se battre, à vouloir guérir. Ensuite, cela peut devenir –excusez le mot– un jeu. Naturellement, avec les bébés, il faut s'adapter. Mais on est beaucoup plus près des enfants aujourd'hui, plus près de leurs besoins. L'équipe médicale utilise aussi énormément ce canal naturel vers l'enfant que sont papa et maman. Tout cela mis ensemble fait que le jeune peut, malgré l'épreuve, vivre son cancer de façon acceptable.»

Isabelle Desfossés, votre patiente, dit que maintenant elle vit au jour le jour, que sa façon de voir son existence a changé.

«Oui, ils disent souvent cela. Leur expérience est immense. Mais après quelques années, ils ont à nouveau le goût de vivre comme tout le monde et ils se mettent à rêver, à faire de petites folies qui rendent la vie encore plus agréable.»

Chez l'enfant, le cancer est-il une maladie spéciale?

«Je suis cancérologue, alors je vais répondre que oui. Mais il est sûr que les enfants qui souffrent de fibrose kystique ou de dystrophie musculaire ont aussi une vie très difficile. Cela dit, le

cancer amène l'enfant, souvent douloureusement, à des métamorphoses très difficiles à accepter. Et puis le mot cancer fait peur parce qu'on pense presque automatiquement à la mort. Or, la mort d'un enfant n'est jamais acceptable. Mais, heureusement, à l'hôpital, autour de chaque petit cancéreux, il y en a d'autres qui s'en sortent, qui guérissent, dont les cheveux repoussent, qui jouent avec entrain. Alors le malade devient convaincu que tout peut redevenir normal pour lui aussi. »

Et si l'enfant meurt malgré tout ?

« Une fois sur trois, cela arrive encore, malheureusement. Mais l'important c'est que l'enfant vive le mieux possible jusqu'au moment du grand départ. Les autres petits malades nous font parfois des réflexions étonnantes, bouleversantes, sur ces situations. Vous savez, la perte d'un enfant demeure une épreuve très difficile à surmonter. Si le décès arrive subitement, il n'y a pas grand-chose à faire et c'est quelquefois dévastateur. Mais lorsque la mort est prévisible, on peut se préparer d'une manière adéquate afin que le départ se fasse dans les meilleures conditions pour l'enfant et sa famille. On parle maintenant de vivre sa mort, une philosophie à laquelle les changements qui interviennent en Occident depuis quelques années déjà ouvrent la porte. »

Et l'avenir ?

« Exerçant ce métier depuis longtemps, j'ai tendance à être prudent quand j'aborde cette question. Il ne s'agit pas de refaire l'erreur de promettre la victoire pour une date donnée. Cela dit, il est réaliste de penser que, dans une vingtaine d'années, si la tendance se maintient, on devrait guérir presque tous nos enfants avec des

traitements plus courts, plus spectaculaires aussi, parce qu'on va intervenir avec force contre la maladie, d'une façon plus définitive et qui limitera les séquelles. Il nous faut trouver des solutions pour diminuer les effets toxiques des médicaments par exemple. Mais, globalement, les traitements qu'on fait aujourd'hui seront toujours là, mais seront utilisés avec plus de raffinement, de précision, et on risque de voir l'apparition des thérapies géniques. Mais, encore une fois, ne comptons pas trop sur le médicament miracle. »

Sophie Giroux-Courtemanche est décédée en janvier 1994. Cette petite fille de dix ans à peine fait partie des 35 % d'enfants que le cancer emporte encore. Pour ses parents, sa sœur, ses amis et aussi pour ceux qui l'ont soignée jusqu'au bout, son départ est injuste. Sophie a trop souffert, s'est trop battue, a été trop courageuse pour que la maladie gagne la partie.

Tout a commencé trois ans plus tôt par une douleur dans le dos. Un premier médecin rate son diagnostic. « Il m'a dit que mon mal était imaginaire et que je voulais juste attirer l'attention de mes parents », expliqua plus tard, outrée, la petite Sophie. Un second docteur parle d'arthrite infantile et prescrit de la cortisone pour soulager la douleur. Mais le mal prenant de l'ampleur au point

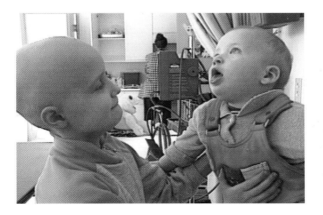

d'empêcher l'enfant de dormir plusieurs nuits de suite, les parents décident de l'emmener à l'hôpital Sainte-Justine.

La tumeur est située dans le dos, une grosse boule dans la minuscule cage thoracique de la fillette, et les douleurs proviennent surtout du fait que la tumeur compresse la moelle épinière et d'autres organes. À demi paralysée, Sophie va rester sept semaines à l'hôpital. Première opération, traitements de chimiothérapie et de radiothérapie, puis seconde opération avec de nouveaux traitements, physiothérapie enfin pour réapprendre à marcher, le tout, heureusement, avec de la morphine pour soulager les douleurs. Au total, deux années d'enfer pour la jeune malade et ses parents. Sa mère, Chantal Courtemanche, décrit d'ailleurs le cancer «comme un intrus qui vient chez vous, qui entre dans votre maison sans frapper, qui s'installe et qui chambarde tout. Il faut trouver le moyen de l'empêcher de venir ainsi voler des vies».

Par bribes, Sophie avait résumé son drame, six mois avant sa mort, lors d'une émission de télévision sur la douleur. Sa petite tête chauve, la démarche encore peu sûre mais du feu dans les yeux, elle donnait une leçon de courage et de volonté : «Cela me faisait mal comme des coups de couteau. Super mal. Je pleurais beaucoup et je passais des nuits blanches. Avec la chimiothérapie, je vomissais tellement qu'il ne restait plus que de la bile. La bouffe de l'hôpital n'était pas bonne, je ne mangeais pas, alors je n'avais plus rien à vomir. Les médicaments du début ne marchaient pas, j'avais super mal tout le temps. Dès qu'on m'a enlevé ma bosse dans le dos, ça a été un peu mieux. Au commencement, avec la pompe à morphine,

Sophie
Giroux-Courtemanche
10 ans.

«Mon souhait c'est
qu'il n'y ait plus
de cancers
dans le monde.»

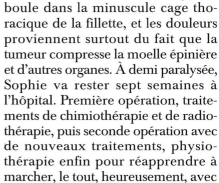

« Le cancer est un intrus qui entre dans votre maison sans frapper. »

Mme Chantal Courtemanche

je demandais à ma mère d'appuyer sur le bouton, puis après je l'ai fait moi-même. Avec tout ce que j'ai subi, je pense que j'ai un bon moral. Mes parents ont eu moins mal que moi, mais je suis sûre qu'ils ont souffert eux aussi. Mon souhait, c'est qu'il n'y ait plus de cancers dans le monde. »

L'école Léopold-Carrière, que fréquentait la petite Giroux-Courtemanche, dans la région de Valleyfield a donné à sa bibliothèque le nom de la petite victime. Une plaque, avec une photographie sur laquelle elle est toute souriante, rappelle les épreuves, le courage et la disparition de Sophie.

Difficilement acceptable chez les adultes, le cancer est carrément insupportable chez les enfants.

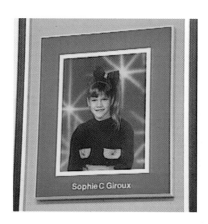

Sophie C Giroux

► LA LEUCÉMIE CHEZ LES ENFANTS ◄

Il n'y a pas seulement une façon de traiter la leucémie chez un enfant. Dans les hôpitaux universitaires du monde, près de 80 protocoles —qui représentent chacun une approche thérapeutique donnée— sont en usage. Si, parfois, les différences entre un traitement et un autre sont grandes, il s'agit, la plupart du temps, de variations qui échappent à la compréhension des profanes.

Concrètement, à l'hôpital Sainte-Justine de Montréal, dans le cas de la leucémie lymphoblastique, celle qui est de loin la plus courante chez les enfants, le traitement comprend une chimiothérapie qui, pour 80 % des enfants, donne des résultats satisfaisants.

Le recours à la transplantation de moelle osseuse n'est plus aussi courant que par le passé. Il n'est nécessaire aujourd'hui que dans 20 % des leucémies du type lymphoblastique. Par contre, comme les enfants leucémiques voient fréquemment leur taux de globules blancs baisser, ce qui signifie une faiblesse du système immunitaire, des antibiotiques sont souvent administrés de pair avec la chimiothérapie. Il s'agit surtout d'éviter des infections qui viendraient compromettre le déroulement du traitement.

Dans des conditions normales, une thérapie complète pour une leucémie lymphoblastique dure environ deux ans.

Chez les enfants, les cancers —en général— ont la particularité d'évoluer très rapidement et, en une seule semaine, une situation peut devenir très grave. À l'inverse cependant, parce qu'ils sont très sensibles à la chimiothérapie et aussi à la radiothérapie, les cancers pédiatriques peuvent fondre tout aussi rapidement.

■ CHAPITRE ONZE

L'espoir de la génétique

Jean Weissenbach est le directeur scientifique du Généthon. À la tête d'une grande équipe, son travail consiste à répertorier tous les gènes de nos cellules, ce qu'on appelle le génome humain. Un travail énorme puisque nous avons entre 65 000 et 80 000 gènes. « On en connaît déjà 4 000. C'est un inventaire qui doit être achevé avant qu'on étudie à fond la fonction de chacun d'eux, ainsi que les relations qu'ils entretiennent entre eux », explique le chercheur.

Des laboratoires situés dans le monde entier collaborent à ce projet de carte génétique. Mais une partie importante du travail se fait dans la banlieue éloignée de Paris, dans un laboratoire digne de la guerre des étoiles. Des ordinateurs très puissants et une banque de cellules humaines congelées sont à la disposition des chercheurs. Ces derniers viennent d'ailleurs de tous les continents pour profiter des installations ultraperfectionnées du Généthon.

Congélateur de cellules humaines (Généthon).

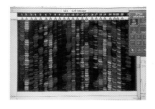

Séquence
d'ADN.

Sept jours sur sept, des équipes sont au travail. Elles ne visent pas seulement la lutte contre le cancer, mais contre toutes les maladies génétiques. Si tout va bien, le travail devrait être achevé dans une dizaine d'années. « Nous faisons un ouvrage de base, nous construisons une infrastructure en quelque sorte. Cette carte génétique ne nous garantit absolument pas de guérir toutes les maladies génétiques, mais sans notre travail on n'y arrivera pas non plus », remarque le directeur scientifique du projet lorsqu'on lui demande quel est le lien direct entre son laboratoire et les malades.

Dans les milieux scientifiques, on admet que les recherches faites au Généthon sont « un formidable coup d'accélérateur », pour reprendre l'expression d'un médecin montréalais. Mais la recherche des gènes responsables des maladies ne date pas d'hier et plusieurs ont déjà été identifiés. Pour tenter de soigner un problème génétique avec efficacité, et il ne faut pas oublier que les cancers sont des maladies des gènes, la

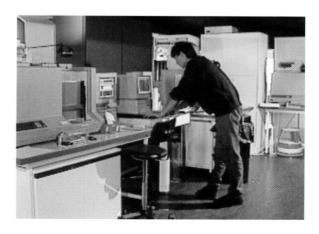

connaissance du ou des gènes impliqués est donc indispensable.

Ce qu'on a découvert dans ce domaine est d'ailleurs déjà utilisé dans nos hôpitaux. L'endocrinologue André Lacroix, de l'Hôtel-Dieu de Montréal, explique que, dans les familles où il y a une histoire d'un cancer bien spécifique de la glande thyroïde, «on peut maintenant identifier dès la naissance, par une prise de sang, quel individu a hérité du gène anormal et qui n'en a pas hérité. À partir de là, on peut dire aux non-porteurs de ne pas s'inquiéter et aux porteurs qu'on va les opérer vers l'âge de cinq ou dix ans afin de leur enlever la glande thyroïde de manière à ce qu'ils ne contractent pas la maladie qui a tué leur père. »

Dans le cas d'une forme héréditaire de cancer du sein et des ovaires, on a aussi identifié un gène responsable. L'annonce de cette découverte a eu lieu durant l'été 1994, mais elle a été peu diffusée en Amérique du Nord, car le même jour, le baseball se mettait en grève. La priorité des médias a laissé perplexe Patricia Tonin, chercheuse à l'Hôpital général de Montréal, une des scientifiques canadiennes qui, avec une équipe de Salt Lake City, dans l'Utah, a identifié ce gène.

Encore jeune, Patricia Tonin est, bien sûr, très fière d'être au cœur de la grande aventure de la génétique. Sa découverte, explique-t-elle, va permettre de dire qu'une personne a 85 % de risques de développer ce type de cancer parce qu'elle est porteuse du gène. Elle précise aussitôt cependant que, malheureusement, entre l'identification du gène et un traitement éventuel, il va couler beaucoup d'eau sous les ponts. Elle parle en terme d'années. «Il nous faut comprendre encore beaucoup de choses, notamment comment ce gène entre en relation avec d'autres gènes qui sont également impliqués dans les cancers du sein et des ovaires. »

Patricia Tonin, chercheuse à l'Hôpital général de Montréal.

Des laboratoires de recherche comme celui de Patricia Tonin, il y en a actuellement des centaines dans le monde. Une énorme machine scientifique est en route et on commence à obtenir des résultats. En fait, il ne se passe pas une semaine sans qu'une équipe, quelque part en Amérique, en Europe ou ailleurs, annonce une avancée majeure dans la compréhension d'un gène donné. Relayées par des médias un peu triomphalistes et qui ne comprennent pas toujours l'ampleur ou la limite des découvertes, ces nouvelles donnent l'impression que les choses bougent rapidement, que la science gagne du terrain sur la maladie. Malheureusement, entre la connaissance fondamentale et le malade qui souffre, le chemin est souvent très long et les cancers n'attendent pas toujours.

Mais un élan nouveau est incontestablement donné à la lutte contre les tumeurs. Terrain à défricher prometteur, la génétique moderne attire d'ailleurs beaucoup les étudiants et les jeunes chercheurs. Dans les laboratoires, les trente ans et moins sont légion. Il faut dire qu'ils sont au début d'une aventure qu'ils peuvent vivre en même temps que leurs aînés. « La génétique, c'est ma génération », remarque un étudiant canadien rencontré à l'hôpital Cochin, à Paris.

Patricia Tonin dans son laboratoire avec Alain Borgognon.

Dans les hôpitaux, ceux qui s'occupent des cancéreux commencent à appliquer les trouvailles des laboratoires de génétique. Si les souris restent au cœur de l'expérimentation, des humains atteints de maladies spécifiques se prêtent maintenant à leur tour à des traitements que l'on appelle géniques. Il s'agit d'interventions compliquées qui, expliquées très sommairement, consistent à introduire dans les cellules humaines d'un patient des gènes sains pour qu'ils fassent le travail que les gènes malades ne font plus. C'est, en quelque sorte, un médicament d'un genre tout nouveau.

Des souris transgéniques.

« C'est une nouvelle façon d'envisager le médicament. Au lieu d'avoir un médicament extérieur, comme cela s'est fait jusqu'à maintenant, on essaie, avec la thérapie génique –en lui envoyant un message– de faire produire le médicament à l'intérieur, par le corps même du malade. Ça nous fait rêver, nous les chercheurs et les médecins, car on tente de manipuler ainsi les réactions de l'organisme contre la tumeur. On veut rétablir les équilibres. Autrement dit, c'est une nouvelle façon de faire de l'immunothérapie, c'est-à-dire d'aider le corps à combattre les intrus non désirables », explique le professeur Claude Jasmin.

Dans le laboratoire du docteur Hervé Friedman, à l'institut Curie, au cœur de Paris, on travaille à la mise au point de vaccins géniques contre le cancer. De quoi faire rêver. « Il ne s'agit pas d'un vaccin comme on les connaît », s'empresse de préciser le chercheur. Il explique qu'il s'agira d'une vaccination thérapeutique, donc administrée à une personne qui est déjà malade, contrairement aux vaccinations préventives qui se font actuellement contre diverses maladies et avant l'apparition du mal. « Les premiers cancéreux qui seront vaccinés seront ceux pour qui les autres traitements ne sont pas prometteurs. Et le vaccin ne sera pas universel contre un cancer particulier,

Laboratoire
de rechrerche,
institut Curie à Paris.

comme celui du poumon par exemple, ou contre tous les cancers. Il s'agira plutôt de traitements adaptés à chaque cas, ou presque à la carte, selon le cancer et le système de défense de chaque patient. » Le docteur Friedman ne promet pas *ces vaccins personnels* pour demain matin, mais ses travaux –comme d'autres semblables à travers le monde– progressent « positivement », pour utiliser l'expression consacrée dans les laboratoires.

Le docteur
Hervé Friedman.

La thérapie génique, nouvelle venue dans l'arsenal de la lutte contre le cancer, est donc porteuse de grands espoirs. Dans les laboratoires où on la met au point et dans les hôpitaux où on la pratique, le rêve est d'obtenir, avec les adultes, les taux de guérison qu'on obtient déjà aujourd'hui avec les enfants, soit guérir au moins deux personnes sur trois. Cette ambition est très grande, mais réaliste, selon le docteur Dave Parkinson, directeur de l'évaluation des traitements à l'Institut national du cancer des États-Unis : « On ne peut pas mettre au point des thérapies contre le cancer sans bien cerner la biologie des tumeurs. Et ce qu'on découvre depuis dix ans, grâce à la génétique, c'est l'équivalent d'une vraie révolution dans notre domaine. Vous allez voir que, d'ici une autre décennie, l'accumulation des connaissances va se traduire en thérapies très efficaces. »

Certains scientifiques, « ivres de leur savoir », comme le dit l'éthicienne France Quéré, voient dans la génétique une solution extraordinaire pour traiter le cancer. Pour eux, c'est le médicament du XXIe siècle. D'autres, plus terre-à-terre, pensent plutôt qu'il s'agit d'un nouvel outil, prometteur il est vrai, mais qui aura aussi ses limites. À Washington, le docteur Edward Sondik, vice-président de l'Institut national du cancer, fait partie du deuxième groupe : « C'est quelque chose de nouveau, c'est intéressant, excitant même, et il faut pousser les recherches. Mais de là à croire que cela va régler tous les problèmes, je ne pense pas. J'ai appris, au fil des années, que le cancer ne se laisse pas vaincre facilement et sûrement pas d'une seule façon. »

Le généticien français Axel Kahn partage cette opinion nuancée : « On ne va pas faire disparaître tous les cancers, mais j'ai beaucoup d'espoir. Pourquoi ? Parce que cette stratégie du gène-médicament est très diverse. On peut en effet imaginer des stratégies utilisant un gène pour tuer des cellules cancéreuses de 10, 50, 1000 façons différentes. C'est cette immense diversité des possibilités d'approche qui aboutira, en fin de compte,

« On ne va pas faire disparaître tous les cancers, mais j'ai bon espoir. »

Axel Kahn, généticien.

Centre hospitalier
universitairre
Cochin, à Paris.

La perspective de
maîtriser les gènes
fait rêver.

à des succès tout à fait appréciables. Mais cela sera sûrement au XXIe siècle. »

Avec la thérapie génique, jusqu'où peut-on aller ?

« Il faut parvenir à trouver ou à rendre le gène efficace. Il n'y a pas de problème éthique particulier, pas plus qu'avec la chirurgie, la radiologie et la chimiothérapie. La thérapie génique est un traitement qui est justifié par l'espoir suscité par les expériences antérieures sur des modèles expérimentaux. Avec cette thérapie, on ne modifie pas du tout le patrimoine héréditaire d'un individu. Il s'agit seulement d'une nouvelle classe de médicaments qui sont des gènes », explique le généticien qui est aussi le rédacteur en chef de la revue médicale *Médecine+Sciences*.

Est-ce une thérapie très coûteuse ?

« Oui, aujourd'hui, car elle est en développement, mais elle n'est pas intrinsèquement plus chère que d'autres méthodes. Mais le concept même de la thérapie génique ne représente rien d'onéreux à terme. Le médicament de base, c'est l'ADN, cette longue chaîne qui est le support de notre hérédité dans nos chromosomes. Cet ADN ne coûte pratiquement rien. Ce qui va entraîner des dépenses sérieuses, c'est tout ce qui va entourer les conditions dans lesquelles on va pouvoir faire pénétrer ce médicament-gène dans la cellule. Mais, avec le temps, on va probablement développer des techniques plus simples, donc moins chères. »

Axel Kahn ne pense cependant pas que la thérapie génique soit LE médicament miracle recherché depuis si longtemps, celui avec lequel on pensait gagner la guerre contre le cancer d'ici l'an 2000. En fait, l'expérience des vingt-cinq dernières années incite les chercheurs, surtout les plus renommés, à la prudence. Mais, en dépit des réserves maintes fois soulignées au profane, on sent nettement que la thérapie génique suscite d'immenses espoirs dans le milieu médical. Les chercheurs et les médecins cachent d'ailleurs parfois mal leur enthousiasme, laissant transparaître leur désir de posséder enfin une arme radicale contre le cancer, cet ennemi sournois qui les nargue tous les jours.

> La thérapie génique est la première grande innovation depuis la radiothérapie et la chimiothérapie.

Pour saisir l'optimisme des médecins, il faut comprendre que la thérapie génique représente une approche nouvelle. C'est de fait la première grande innovation depuis la chirurgie, la chimiothérapie et la radiothérapie, techniques qui, malgré les progrès, permettent de ne sauver qu'un cancéreux sur deux. Alors, la perspective de maîtriser des gènes fait rêver...

▶ LA THÉRAPIE GÉNIQUE ◀

La thérapie génique consiste soit à remplacer un gène anormal ou manquant, comme dans le cas de plusieurs maladies héréditaires, soit à introduire, dans les cellules cancéreuses, un gène qui va les tuer.

Dans le cas d'un cancer de la peau avancé, par exemple, un mélanome malin métastatique, la thérapie génique se fait en deux temps. En premier lieu, un gène est introduit dans les cellules malades. Son objectif est de produire une enzyme qui va affaiblir la cellule pour la rendre vulnérable aux médicaments. Après une semaine, le patient prend alors un médicament auquel les cellules malades ne résistent pas. La beauté de la chose est que, avec cette thérapie, seules les cellules malades vont mourir.

Simple sur papier, ce traitement est cependant très complexe dans la réalité. Le défi réside surtout dans le fait d'aller déposer un nouveau gène dans la cellule cancéreuse. Pour cela, on utilise souvent des virus, mais c'est prendre un risque qui n'est pas toujours

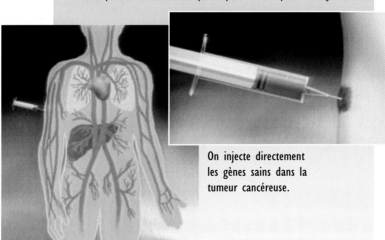

On injecte directement les gènes sains dans la tumeur cancéreuse.

contrôlable. Le virus peut en effet ne pas se comporter comme prévu et peut empirer l'état du malade. Les chercheurs testent aujourd'hui des méthodes où le risque d'une trop grande réaction toxique est réduit au minimum.

On place le gène sain dans le virus.

Le dernier cri, dans ces techniques, est un revolver qui tire des balles d'or microscopiques et porteuses de gènes sains dans les cellules malades. L'avantage premier de ce système est qu'il élimine les virus et leurs risques. Cette technologie a, en outre, la qualité de ne pas coûter très cher. Des essais sur les souris ont été concluants, et on sait que ce type de revolver donne déjà des résultats satisfaisants dans l'agriculture, notamment pour modifier génétiquement le coton.

Le virus s'introduit dans la cellule cancéreuse.

Lorsque le découvreur du neptunium, Philip H. Abelson, aujourd'hui coéditeur du magazine américain *Science*, dit que la génétique est aujourd'hui ce que la physique était dans les années 40 et 50, c'est sans doute à ce genre d'expérience qu'il fait allusion.

Le gène sain entre dans le bagage génétique de la cellule cancéreuse.

Mais malgré le côté spectaculaire des thérapies géniques actuelles et, surtout, à venir, il convient de se rappeler que la génétique –la science des gènes– est née à la fin du XIXe siècle à la suite des travaux sur des petits pois d'un religieux morave, Gregori Mendel. Ce moine, qui était aussi botaniste, développa ce qu'on appelle aujourd'hui la «loi de l'hybridation» ou encore, plus simplement, «la loi de Mendel». On se rend compte maintenant que les recherches de ce moine ont marqué le début d'une grande aventure scientifique.

■ CHAPITRE DOUZE

Les habitudes de vie et l'environnement

Si tous les fumeurs renonçaient à leur vice, la mortalité par cancer baisserait de 30 %. Le chiffre est spectaculaire, surtout en comparaison des efforts que font les chercheurs pour, difficilement et souvent à grands frais, trouver des moyens pour sauver 1 % de cancéreux de plus. En fait, de grands progrès en thérapie génique guériront toujours moins de cancéreux que le simple fait d'arrêter de fumer.

Mortalité due aux cancers, 1971-1991 (CANADA)

On constate que le tabagisme fait la différence.

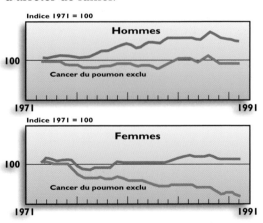

Indice 1971 = 100
Hommes
100
Cancer du poumon exclu
1971   1991

Indice 1971 = 100
Femmes
100
Cancer du poumon exclu
1971   1991

Tout a été dit sur la cigarette. En Amérique du Nord, elle tue trois fois plus de gens que l'alcool, le sida, les drogues illicites, les accidents de voiture, les suicides et les meurtres confondus. En bref, le tabagisme est la principale cause de décès évitables.

La cigarette est l'amie la plus sûre du cancer. Ce couple maudit est à l'origine des tumeurs aux poumons qui emportent chaque année 11 000 Canadiens et près de 6000 Canadiennes. Et si les fumeurs doivent craindre pour leurs poumons, ce qu'ils savent en général, ils ignorent par contre souvent qu'ils doivent aussi se soucier des autres cancers favorisés par la cigarette, notamment ceux de la vessie, de la bouche, du larynx, du rein et de l'œsophage.

En 1994, pour la première fois, le cancer du poumon a tué plus de femmes que le cancer du sein.

En fait, s'il y a une seule certitude scientifique sur les origines du cancer, c'est bien le rôle que joue le tabac dans cette maladie. Des centaines d'études prouvent son extrême nocivité. On peut même dire que peu de sujets, depuis trente ans, ont été aussi étudiés, décortiqués, analysés que la relation qui existe entre la cigarette et le cancer.

Il est même prouvé aujourd'hui que ceux qui ne fument pas, mais qui vivent dans l'entourage de fumeurs, sont eux aussi affectés par les méfaits de la cigarette. Les enfants très jeunes sont spécialement vulnérables, nous disent les chercheurs. Des difficultés d'apprentissage de la lecture, à l'asthme et à la bronchite, ils sont exposés à de nombreux problèmes et dangers. Même les bébés dont la mère fumait durant la grossesse présentent des symptômes caractéristiques : ils sont plus petits que la moyenne et plus susceptibles d'être victimes du syndrome de la mort subite du nourrisson.

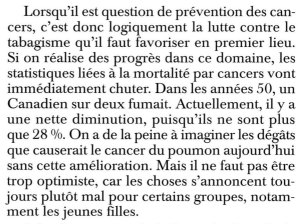

Parmi tous les jeunes de quinze ans qui fument actuellement, la moitié d'entre eux environ, mourra du tabac... s'ils ne cessent de fumer.

«Avant, les patients souffrant du cancer du poumon avaient cinquante ans et plus. Maintenant, je soigne parfois des gens de trente-cinq ans.»

Le docteur Joseph Ayoub.

Lorsqu'il est question de prévention des cancers, c'est donc logiquement la lutte contre le tabagisme qu'il faut favoriser en premier lieu. Si on réalise des progrès dans ce domaine, les statistiques liées à la mortalité par cancers vont immédiatement chuter. Dans les années 50, un Canadien sur deux fumait. Actuellement, il y a une nette diminution, puisqu'ils ne sont plus que 28 %. On a de la peine à imaginer les dégâts que causerait le cancer du poumon aujourd'hui sans cette amélioration. Mais il ne faut pas être trop optimiste, car les choses s'annoncent toujours plutôt mal pour certains groupes, notamment les jeunes filles.

Selon le ministère de la Santé du Canada, le marché des nouveaux fumeurs est presque entièrement composé d'enfants et d'adolescents. Les chiffres officiels rapportent aussi que 85 % de ces nouveaux fumeurs commencent avant l'âge de seize ans. De plus, on sait et c'est effrayant, que parmi tous les jeunes de quinze ans qui fument à l'heure actuelle, la moitié environ d'entre eux mourra à cause du tabac !

«Si on ne fait rien, cela va être la catastrophe. Avant, les patients avec un cancer du poumon avaient cinquante ans et plus. Maintenant, je soigne parfois des gens de trente-cinq ans», s'écrie le docteur Joseph Ayoub de l'hôpital Notre-Dame, à Montréal. Dans sa salle d'attente, il y a trois personnes de moins de quarante ans qui risquent de mourir, car le cancer du poumon, il faut le rappeler, ne pardonne pas dans 85 % des cas. «Je fume un paquet par jour depuis l'âge de dix-huit ans. À l'époque il fallait, comme le cow-boy de Marlboro, avoir une cigarette à la bouche pour être un homme», raconte un des patients avec ironie, mais aussi avec beaucoup de tristesse. Il dit garder l'espoir de «s'en sortir», il veut «se battre» contre l'ennemi qui le ronge.

Alain Borgognon et un patient atteint d'un cancer du poumon.

Les dernières statistiques font frémir les partisans de la prévention du cancer puisque le taux de mortalité due au cancer du poumon, chez les femmes, rattrape celui des hommes. Pour la première fois en 1994, le cancer du poumon a tué plus de femmes que le cancer du sein. Et il suffit de passer devant une école durant une pause pour se rendre compte que la cigarette a beaucoup de succès auprès des jeunes filles, y compris les très jeunes. Elles promettent généralement d'arrêter de fumer avec leur première grossesse, mais combien y arriveront ?

Qui est responsable ? Les compagnies qui, au Canada seulement, empochent 200 millions de dollars annuellement grâce aux seules ventes de cigarettes auprès d'adolescents et d'enfants ? Les gouvernements qui n'agissent pas assez et

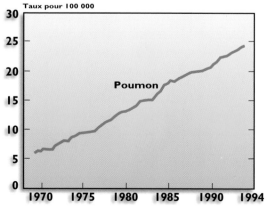

Taux pour 100 000

Poumon

Augmentation spectaculaire du cancer du poumon chez la femme depuis 1969.

qui sont trop contents d'encaisser les taxes que rapporte le tabagisme ? Les parents qui éduquent mal leurs enfants ? Chaque individu qui décide du fumer ? Un laxisme social général lié à l'absence de valeurs dominantes ? Les responsabilités sont multiples. Vue sous cet angle, la lutte contre le cancer devient politique et économique beaucoup plus que scientifique. Mais c'est un fait incontestable –et incontesté– aujourd'hui que la bataille contre le cancer ne peut être gagnée sans que les fumeurs remettent en question leur habitude.

Les spécialistes estiment que, grosso modo, environ 80 % des cancers sont dus à des causes environnementales. Des cellules agressées par un ou plusieurs phénomènes extérieurs réagissent mal, se rebellent –pour reprendre une expression souvent entendue dans les laboratoires parisiens–, et c'est le début du cancer. La cigarette, bien que le plus important, n'est pas le seul de ces agresseurs extérieurs.

Les rayons du soleil, si la peau n'est pas protégée adéquatement, sont également dangereux. Le nombre des cancers de la peau (mélanomes) est d'ailleurs en nette augmentation. La Société américaine du cancer, en se basant sur des données recueillies au Connecticut, indique que, depuis 1934, l'incidence du cancer de la peau double tous les douze ans. Résultat, cette année, 32 000 nouveaux cas seront enregistrés aux États-Unis.

Les données canadiennes sont, toutes proportions gardées, du même ordre puisque la Société canadienne du cancer estime qu'il y a 3100 nouveaux cas enregistrés chaque année. Ce sont les habitants de la Colombie-Britannique qui, plus que les autres, sont victimes de ce type de cancer. On parle bien ici de mélanomes, et non de cancers cutanés sans mélanome, beaucoup plus fréquents avec 58 500 nouveaux cas par année au Canada (1994), mais qui sont moins dangereux et qui se soignent relativement facilement.

Comme pour la cigarette, le cancer de la peau est évitable puisque chapeaux, vêtements, parasols, crème solaire protectrice, etc. protègent bien la peau. Certains individus, les enfants en premier lieu, mais également les roux et ceux qui ont la peau très blanche, doivent particulièrement prendre des précautions.

Les Montréalais ont relativement de la chance avec leurs 2054 heures d'ensoleillement en moyenne par année. C'est beaucoup plus qu'à Saint-Jean (Terre-Neuve), 1497 heures, mais moins qu'à Régina (Saskatchewan), 2331 heures. Mais bien plus que le facteur d'ensoleillement régional, ce sont la négligence, certaines modes ou certaines valeurs qui sont dangereuses. L'importance d'avoir un corps bronzé pousse des individus à des excès, que cela soit au soleil ou dans des salons spécialisés. Beaucoup de personnes pensent encore qu'un coup de soleil accélère le bronzage.

À noter que si les compagnies de cigarettes poussent à la consommation, celles qui vendent des crèmes solaires aussi. Dans ce cas cependant, le résultat devrait normalement être positif. Encore faut-il que la publicité incite les gens à utiliser des crèmes à indice de protection élevé et que les acheteurs les utilisent convenablement.

Fumer, s'exposer sans protection au soleil, chaque individu peut choisir son cancer. Il est indéniable que le mode de vie des gens a une influence directe sur les statistiques de la maladie. Les médecins, notamment les dermatologues, au début de chaque été, lancent des avertissements. Certains essaient même de faire peur. Mais les résultats ne sont pas concluants si on se fie aux chiffres, puisque le cancer de la peau, chez les deux sexes, et le cancer du poumon, chez les femmes, ne font qu'augmenter.

Comme pour la cigarette, le cancer de la peau est évitable.

Est-ce le syndrome : «Ça n'arrive qu'aux autres ?»

▶ LE CANCER DE LA PEAU ◀

Le cancer le plus commun est celui de l'épiderme. Heureusement, à l'exception du mélanome malin qui est plus inquiétant, les autres cancers de la peau se soignent bien s'ils sont détectés à temps. On parle d'un taux de guérison de 95 %.

La très grande partie des cancers de l'épiderme, en fait 93 % d'entre eux, sont de deux types appelés basocellulaire et spinocellulaire. Ils peuvent apparaître partout sur le corps, mais on les retrouve généralement sur les mains, le cou, les avant-bras et le visage, soit les parties les plus exposées au soleil.

Le traitement de ces cancers peut se faire de quatre façons: la chirurgie, la cautérisation (destruction des tissus par la chaleur), la cryochirurgie (destruction des tissus par le froid) et la radiothérapie.

Avec le mélanome malin, c'est une autre affaire. Ce cancer est plutôt rare et c'est heureux, car il est beaucoup plus dangereux. Il apparaît souvent sur la peau à l'endroit où il y a déjà une verrue ou une tâche foncée. Au début, c'est comme un grain de beauté qui grossit en changeant de couleur et de forme.

Généralement, le traitement se fait par chirurgie. Mais il faut faire vite pour diagnostiquer et traiter ce cancer, car si on permet au mélanome de grossir et de former des nodules, il peut se propager à d'autres organes.

Il faut noter, et c'est un fait qui n'est pas assez connu, que les membres de la famille d'une personne atteinte de mélanome malin constituent un groupe à risque (à cause d'une prédisposition d'origine génétique).
Ils doivent donc consulter régulièrement un dermatologue.

La nourriture est un autre domaine où la prévention peut jouer un rôle déterminant. À l'œil, sans démonstration scientifique, solide, les médecins attribuent 10 % des cancers à une mauvaise alimentation.

Les chercheurs savent bien que les fruits et les légumes ont un effet protecteur pour les cellules, même s'ils n'arrivent ni à mesurer ni à comprendre comment se fait exactement cette protection. Les spécialistes disent également –mais cela tout le monde peut le deviner– que trop de barbecues, de graisses, d'alcool ne sont pas bons pour la santé et peuvent jouer un rôle dans l'apparition de certains cancers.

Le docteur André Lacroix, endocrinologue à l'Hôtel-Dieu de Montréal, s'intéresse depuis longtemps à l'alimentation : « Les études montrent que les gens qui consomment beaucoup de fruits et de légumes, qui ont une alimentation variée, diversifiée, ont moitié moins de risques de développer certains types de cancers parmi les plus fréquents comme celui du poumon, de la bouche, de l'œsophage, du côlon et même du sein. Finalement, par rapport à la personne qui ne le fait pas, celle qui mange beaucoup de fruits et de légumes met toutes les chances de son côté. » Nos mères, avec la soupe de légumes ou une pomme à croquer en rentrant de l'école, avaient donc intuitivement raison.

Le docteur
André Lacroix.

Beaucoup de choses ont été dites et écrites dans les médias au sujet de la relation entre l'alimentation et les cancers. Scientifiquement toutefois, peu de faits ont été prouvés hors de tout doute. «Il ne faut pas sauter trop rapidement aux conclusions, l'alimentation est quelque chose de très complexe dont de nombreux éléments sont encore méconnus», précise le spécialiste de l'Hôtel-Dieu de Montréal. Il met notamment en garde les gens contre «les suppléments X-Y-Z, sous forme de pilules, dont on ne connaît pas l'efficacité et qui peuvent même être néfastes». Le docteur Lacroix cite pour preuve une étude récente qui démontre que l'absorption de suppléments de carotène, pourtant très recommandés dans certaines publicités, avait fait augmenter de 18 % l'incidence du cancer du poumon dans une population donnée en Finlande.

Décidément, rien n'est simple.

Pourtant, on sait que les Japonaises ont 4,5 fois moins souvent le cancer du sein que les Nord-Américaines. Or, lorsque ces Asiatiques viennent vivre aux États-Unis, il suffit d'une ou de deux générations seulement pour que l'incidence du cancer du sein chez ces femmes devienne identique à celle des Américaines. Cet exemple a souvent servi pour démontrer l'importance de l'alimentation dans le cancer. Encore une fois, le docteur Lacroix ne rejette pas cette analyse, mais il précise «que cela nous informe sur le fait qu'il y a des facteurs d'habitudes de vie ou d'environnement qui jouent un rôle important, dont probablement les aliments, et c'est justement le travail des épidémiologistes d'essayer d'identifier quels sont ces facteurs, ce qui n'est pas facile à faire».

Les scientifiques, heureusement, s'entendent pour dire –sans réserve pour une fois– que les fruits et les légumes sont bons pour la santé et qu'ils réduisent les risques de certains cancers. N'est-ce pas la logique même, tout comme le fait de ne pas fumer ou de ne pas s'exposer au soleil sans protection?

N'empêche que si la prévention marchait bien dans ces trois domaines: cigarette, soleil et alimentation, ce ne sont pas 60 000 Canadiens que le cancer emporterait cette année, mais environ 40 % de moins. Par ailleurs, dans une société où les budgets consacrés à la santé sont serrés, il est bon de rappeler que la prévention est encore ce qui coûte le moins cher.

La prévention est encore ce qui coûte le moins cher.

LES DANGERS DE LA CUISSON À HAUTE TEMPÉRATURE

On dit beaucoup de mal des HAP, les hydrocarbures aromatiques polycycliques, et on a raison. Ce sont en effet des substances cancérigènes reconnues. Elles sont associées à toutes les méthodes de cuisson à température élevée, y compris avec le sympathique feu de bois naturel, et non seulement les barbecues comme le prétend la croyance populaire.

Ces HAP se retrouvent surtout dans les surfaces carbonisées des viandes. En fait, lorsqu'on cuisine, il faut se méfier de toutes les fumées qui proviennent des matières grasses qui brûlent. Ces fumées sont en effet chargées de substances chimiques cancérigènes qui, à la longue, peuvent présenter des risques.

Pour limiter ce problème, l'utilisation de viandes maigres est conseillée. Il est également recommandé de placer la grille aussi loin que possible des briquettes, de manière à éviter d'enfumer les aliments qui cuisent. La Société canadienne du cancer donne de nombreux conseils sur l'alimentation, de l'eau du robinet aux matières grasses en passant par l'alcool et le café. On dit évidemment beaucoup de bien des fruits et des légumes, surtout ceux de couleur vert foncé, orange et jaune, car ils sont riches en vitamine C, en bêta-carotène, en fibres et autres substances alimentaires non nutritives qui, sans qu'on sache vraiment pourquoi et comment, ont tendance à prévenir le cancer.

■ CHAPITRE TREIZE

Le dépistage

« Beaucoup de gens confondent prévention et dépistage », remarque le docteur André Robidoux. Ce matin, il rencontre deux femmes à sa clinique de l'Hôtel-Dieu de Montréal. Toutes deux sont près de la soixantaine et toutes deux ont perdu des parents proches, mère ou sœur, d'un cancer du sein.

« Ces dames n'ont pas le cancer, mais elles sont à risque à cause de leurs antécédents familiaux. En les suivant de près, on peut intervenir rapidement si une tumeur se déclare. Et une intervention rapide signifie généralement un meilleur pronostic, une chirurgie moins mutilante, une chimiothérapie moins difficile, etc., donc, moins de souffrances, de désagréments et de coûts », explique le médecin.

La prévention, c'est empêcher qu'un cancer ne se déclare. Le dépistage, c'est découvrir le plus rapidement possible une tumeur afin de l'attaquer avant qu'elle n'ait eu le temps de grossir ou de se propager.

Le dépistage est un thème à la mode depuis quelques années. Les revues féminines en particulier en parlent abondamment, surtout en ce qui concerne le cancer du sein. Malheureusement, les opinions diffèrent souvent entre les spécialistes sur la meilleure approche à suivre, une étude venant toujours contredire ce qu'on pensait jusqu'alors être juste.

« Une intervention rapide signifie généralement un meilleur pronostic. »

Le docteur André Robidoux.

Lise Giroux et Lyse Guimond.

Dans certains cas, le cancer de la prostate par exemple, les hommes ne savent plus qui croire. Des médecins recommandent des tests sanguins systématiques sur les hommes de quarante-cinq ans et plus, alors que d'autres pensent qu'un simple touché rectal lors d'un examen médical est suffisant. Ces débats sont par ailleurs encore accentués par des compagnies pharmaceutiques qui peuvent avoir des intérêts commerciaux dans certaines techniques de dépistage.

Le docteur Jacques Cantin, de la Société canadienne du cancer, reconnaît que, malheureusement, dans ce dossier, « comme me disait l'un de mes vieux professeurs, la force des voix est souvent plus forte que celle des arguments ».

Alors que doit faire l'individu, à qui doit-il se fier ?

« Au niveau individuel, la personne doit se fier à son médecin traitant, car, finalement, la médecine est une relation entre un docteur et son patient. Par contre, sur un plan général, les autorités médicales et politiques ont le devoir d'obtenir des données précises et de prendre position », estime le docteur Cantin. Il ajoute que tout dépistage doit être basé sur des observations scientifiques. Il faut notamment que son utilité soit démontrée, « mais il faut aussi tenir compte des moyens dont dispose une société et des choix qu'elle doit faire ».

Tout dépistage doit être basé sur des observations scientifiques.

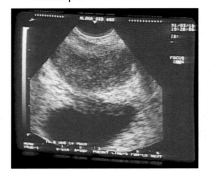

Au Centre de prévention du cancer du sein de l'Hôtel-Dieu de Montréal, le docteur André Robidoux fait surtout de la recherche. Pour les femmes de moins de cinquante ans qui ne font pas partie d'un groupe dit à risque, il ne conseille pas le dépistage systématique –la mammographie de dépistage–, car les résultats de grandes

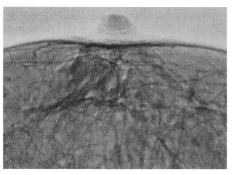

Mammographie.

études menées en Amérique du Nord et en Europe montrent que ce n'est pas nécessaire. « Au Canada, la recommandation est d'offrir aux femmes de cinquante à soixante-neuf ans, premièrement, un examen par un professionnel de la santé, puis une séance d'apprentissage d'auto-examen des seins, et, enfin, une mammographie de dépistage à tous les deux ans dans un centre reconnu », dit ce spécialiste. Selon lui, cette politique a un rapport coût-bénéfice intéressant.

Les choses sont-elles aussi claires avec le cancer de la prostate ?

« C'est une autre histoire », soupire le docteur Robidoux. Il explique : « Dans ce cas, on a des études variables et très controversées. Disons que cette maladie est assez indolente à partir de cinquante-cinq ans. Aujourd'hui, on a un test sanguin qui, couplé à l'examen physique, peut nous indiquer que le patient a un cancer de la prostate même si le principal intéressé n'a rien remarqué. Mais si on opère, cela peut entraîner des conséquences physiologiques importantes sur la fonction urinaire. Il faut donc démontrer qu'en faisant cette opération mutilante, le risque de décès dans la population dépistée est inférieur à celui des hommes qui n'ont pas eu de dépistage. Et tout ça n'est pas clair, et est même vivement controversé. »

Le dépistage précoce
du cancer du sein.

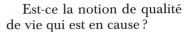

Est-ce la notion de qualité de vie qui est en cause ?

« Oui, et aussi une question de coût-bénéfice pour le patient et pour la société. Il faut s'assurer, par des recherches scientifiques, qu'un dépistage à grande échelle vaut la peine, et qu'il est réellement rentable. Pour le sein, tout indique que c'est oui, mais pour la prostate la démonstration n'est pas absolument convaincante, alors que dans les cas du poumon et du côlon, même si techniquement on sait comment faire, on estime que cela ne vaut pas la peine ou que cela n'est pas réaliste de le faire massivement. »

La découverte de gènes responsables de maladies données pourrait un jour bouleverser la notion de dépistage. C'est déjà le cas, par exemple, pour le cancer de la glande thyroïde. Car si les trois-quarts des cancers sont dus à des causes environnementales ou liés aux comportements des individus, il arrive aussi que des personnes viennent au monde porteuses d'un gène déficient –ou qui risque de ne plus fonctionner convenablement dix, vingt, trente ans plus tard. On estime par exemple que 5 % des cancers du sein sont ainsi programmés dans les cellules dès la naissance de certaines femmes.

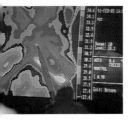

Image obtenue.

« Tout d'abord, on est encore loin d'un test génétique applicable à toute la population. Mais si on découvre un tel gène chez une patiente, j'estime qu'elle doit en être informée. Après tout c'est son corps, sa vie. Mais qu'est-ce qu'on va faire ?», se demande le docteur André Robidoux. Il réfléchit à haute voix : « Cette femme n'est pas malade, mais elle a le cancer exprimé dans ses gènes. Faut-il poser le geste radical et mutilant de lui enlever préventivement les deux seins sachant qu'il est difficile d'enlever tout le tissu mammaire ? Faut-il faire une intervention médicamenteuse pour essayer d'empêcher la maladie d'apparaître ? Pour l'instant, nos connaissances et nos moyens d'action sont limités. Bien sûr, avec la thérapie génique il sera possible d'essayer de traiter le gène déficient avant qu'il ne s'exprime sous forme d'une tumeur cancéreuse. C'est là une perspective très excitante, mais ce n'est malheureusement pas pour demain. »

Le généticien français Axel Kahn soulève par ailleurs un problème. Il constate que les *kits* de dépistage génétique qui s'annoncent, notamment dans le cas du cancer du sein, sont développés par des compagnies privées. « L'intérêt de ces firmes, d'un point de vue commercial, n'est pas forcément de limiter l'utilisation des *kits* aux seules familles à risque, c'est-à-dire à un groupe relativement peu nombreux. Elles vont donc suggérer à toute la population de se faire dépister. »

Ce sont donc des sommes considérables qui sont en jeu ?

> La découverte de gènes responsables de maladies données pourrait un jour bouleverser la notion de dépistage.

« J'ai calculé que, rien que pour le cancer du sein, dans les pays qui peuvent payer : comme l'Europe, l'Amérique du Nord, le Japon et quelques autres, cela représente un marché de trois milliards de dollars ! » Ce chercheur ajoute pourtant que, d'un strict point de vue médical, ce test diagnostic n'a pas sa raison d'être pour toute une population « car il coûte cher et ne sauve pas de vies ». Axel Kahn prévoit donc, dans ce cas-ci, mais éventuellement aussi dans d'autres situations semblables, un conflit entre une analyse économique, commerciale et des considérations éthiques.

AUTO-EXAMEN DES SEINS

FONDATION QUÉBÉCOISE DU CANCER

TOUS LES MOIS

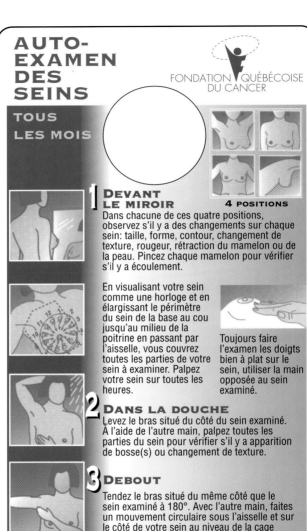

1 DEVANT LE MIROIR

4 POSITIONS

Dans chacune de ces quatre positions, observez s'il y a des changements sur chaque sein: taille, forme, contour, changement de texture, rougeur, rétraction du mamelon ou de la peau. Pincez chaque mamelon pour vérifier s'il y a écoulement.

En visualisant votre sein comme une horloge et en élargissant le périmètre du sein de la base au cou jusqu'au milieu de la poitrine en passant par l'aisselle, vous couvrez toutes les parties de votre sein à examiner. Palpez votre sein sur toutes les heures.

Toujours faire l'examen les doigts bien à plat sur le sein, utiliser la main opposée au sein examiné.

2 DANS LA DOUCHE

Levez le bras situé du côté du sein examiné. À l'aide de l'autre main, palpez toutes les parties du sein pour vérifier s'il y a apparition de bosse(s) ou changement de texture.

3 DEBOUT

Tendez le bras situé du même côté que le sein examiné à 180°. Avec l'autre main, faites un mouvement circulaire sous l'aisselle et sur le côté de votre sein au niveau de la cage thoracique.

4 COUCHÉE SUR LE DOS

Placez sous l'omoplate une serviette pliée et mettez la main derrière la tête. À l'aide de l'autre main, faites l'examen de votre sein.

AUTO-EXAMEN DES SEINS

DÉPISTAGE DU CANCER DU SEIN

RECOMMANDATIONS DE LA FONDATION QUÉBÉCOISE DU CANCER

ÂGE	AUTO-EXAMEN DES SEINS	FRÉQUENCE	EXAMEN MÉDICAL
20 ANS ET PLUS	LE 5e OU 6e JOUR DES MENSTRUATIONS	1 FOIS PAR MOIS	EXAMEN PAR LE MÉDECIN 1 FOIS PAR AN
FEMMES MÉNOPAUSÉES	1er DU MOIS	1 FOIS PAR MOIS	

MAMMOGRAPHIE DE DÉPISTAGE

ÂGE	FRÉQUENCE
FEMMES À RISQUE	À PARTIR DE 40 ANS 1 FOIS PAR AN
50 À 69 ANS	1 FOIS TOUS LES 2 ANS

ANOMALIES – Si vous découvrez une anomalie, aussi minime soit-elle, consultez votre médecin traitant. Une bosse ou une déformation ne signifie pas systématiquement une tumeur maligne. Si tel est le cas, traiter le cancer à un stade précoce vous donne une meilleure chance de guérison.

FONDATION QUÉBÉCOISE DU CANCER

La fondation québécoise du cancer est un organisme sans but lucratif dont la mission principale est d'améliorer la qualité de vie des personnes atteintes de cancer et celle de leurs proches.

LE CANCER DE LA PROSTATE

Lorsqu'un homme apprend qu'il a le cancer de la prostate, la première chose à faire est d'avoir une bonne et franche discussion avec son médecin. Le traitement de ce type de tumeur dépend en effet de facteurs comme l'état de santé général du patient, de son âge et, dans une certaine mesure, de sa philosophie de la vie. Autrement dit, le patient, dans certaines conditions, peut faire un choix.

Par exemple, si l'individu a soixante-dix ans et que la tumeur ne s'est pas propagée à l'extérieur de la prostate, l'opération n'est peut-être pas nécessaire. Il suffit alors simplement de surveiller le cancer régulièrement pour s'assurer qu'il ne dégénère pas. Mais de nombreux hommes ne peuvent tolérer de savoir qu'ils ont un cancer, quelle que soit l'influence que ce dernier puisse avoir sur leur longévité. Dans ces cas, un traitement peut alors s'imposer, que ce soit une chirurgie, une chimiothérapie, des séances de radiothérapie ou encore l'utilisation d'hormones. Les effets secondaires de ces traitements peuvent toutefois poser des problèmes d'érection, de perte de libido ou encore d'incontinence urinaire.

Le malade doit donc soupeser, avec son médecin, le pour et le contre des alternatives qui s'offrent à lui.

Pour les hommes plus jeunes, dont l'espérance de vie est d'au moins encore dix ans, le problème se pose différemment. L'ablation de la prostate peut être recommandée. Si le cancer est contenu dans la prostate, s'il ne s'est pas propagé, l'opération est une réponse généralement bien adaptée. Mais, là encore, on parle d'effets secondaires néfastes comme la perte d'érection et de libido (entre 30 et 60 % des cas) et l'incontinence urinaire (entre 5 et 15 % des cas).

C'est donc un cancer qui peut grandement affecter la qualité de vie des hommes qui en sont atteints.

■ CHAPITRE QUATORZE

La géographie des cancers

L es cancers ne sont pas répartis également sur la planète. Certains types touchent plus une région, un pays, un continent que d'autres. Il y a aussi des différences entre les hommes et les femmes, les jeunes et les vieux et entre les races. De ce point de vue, on peut dire que le cancer n'est pas une maladie tout à fait démocratique.

Dans les dix provinces canadiennes, sans exception, les hommes meurent plus du cancer que les femmes. C'est une constatation que l'on fait dans presque tous les pays qui tiennent des statistiques

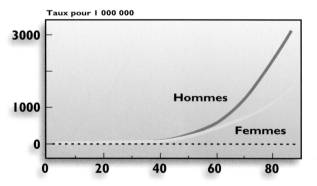

Taux de mortalité (1991, CANADA).

Les hommes meurent davantage du cancer que les femmes.

sérieuses, selon les épidémiologistes et l'Organisation mondiale de la santé (OMS). Mais cette réalité n'est pas très bien expliquée. D'ailleurs, comme pour tout ce qui touche la répartition des cancers dans le monde, les spécialistes sont très prudents dans leurs commentaires. Les données ne sont pas toujours comparables, certains facteurs sont interprétés autrement, les diagnostics ne sont pas posés de la même façon, les services

En Australie, les taux de mélanomes sont 150 fois plus élevés qu'au Japon; les cancers du côlon et de l'estomac sont 20 fois plus nombreux aux États-Unis qu'en Inde.

de santé sont différents, etc. Bref, il s'agit souvent de données indicatives, voire instructives, mais non scientifiques, au sens sérieux du terme.

Pour les cancers qui sont clairement liés à des facteurs environnementaux, les variations entre les pays sont parfois spectaculaires. À titre d'exemple, en Australie les taux de mélanomes (cancer de la peau) sont cent cinquante fois plus élevés qu'au Japon. Les cancers du côlon et de l'estomac sont vingt fois plus nombreux aux États-Unis qu'en Inde. Chez les Terre-Neuviens, les cancers buccaux (lèvres) sont cent cinquante fois plus nombreux que chez les Japonais. Par contre, pour des raisons mal expliquées, les Néo-Écossais sont les citoyens de la planète les moins touchés par le cancer du foie.

«Dans le cas du cancer des lèvres à Terre-Neuve, on constate que ce sont surtout les pêcheurs qui en souffrent. Or, ces travailleurs ont l'habitude d'utiliser des cordons de pêche enduits de goudron, cordages qu'ils tiennent souvent avec leur bouche. On peut donc penser que le goudron explique l'incidence élevée de cancers des lèvres dans cette population-là», explique le docteur montréalais Michel Plante.

Les statistiques internationales indiquent par contre que certains cancers varient moins d'un pays à l'autre. C'est le cas par exemple pour la leucémie et les tumeurs au cerveau. Dans ces cas, les spécialistes pensent que cette stabilité apparente des données, tient probablement au fait qu'il s'agit de cancers moins dépendants des facteurs environnementaux puisqu'il s'agit de tissus relativement bien protégés. Mais, encore une fois, ces conclusions sont à prendre avec précaution, car rien n'est vraiment prouvé.

À l'échelle canadienne, donc avec des chiffres comparables, on remarque de grandes différences entre les régions et les provinces. Si on examine les nouveaux cas de cancers survenus en 1994, on

constate, chez les hommes, que les Québécois –parce qu'ils sont de gros fumeurs– détiennent le triste record du cancer du poumon, que les Néo-Écossais dominent en ce qui concerne le côlon et le rectum, que les Néo-Brunswickois sont les plus touchés par le cancer de la peau, que c'est en Saskatchewan qu'on trouve le plus de leucémies et que c'est en Colombie-Britannique que le cancer de la prostate est le plus fréquent (presque deux fois plus que la moyenne nationale).

Les données de la même année pour les Canadiennes révèlent que les Néo-Écossaises sont les plus affectées par les cancers du poumon, de la peau et du col de l'utérus. En Colombie-Britannique, l'incidence du cancer du sein est nettement plus élevée que dans les autres provinces. Au Nouveau-Brunswick, les leucémies sont plus fréquentes qu'ailleurs au Canada. Les Québécoises, quant à elles, ne sont en tête dans aucun de ces classements provinciaux.

Les travailleurs de certaines industries sont aussi particulièrement visés par des cancers. Celui de la vessie a longtemps hanté les ouvriers des alumineries ; celui du poumon, les mineurs ; celui de la peau, les agriculteurs, etc. Aujourd'hui, les chercheurs de l'Institut national du cancer des États-Unis nous disent qu'environ 5 % –d'autres spécialistes parlent de 10 %– des cancers sont dus à la pollution industrielle. Les réglementations des différents pays contre la pollution, tout comme leur structure industrielle et le niveau de sensibilisation des populations, jouent cependant des rôles importants dans l'incidence des cancers, bien que cela soit difficile à mesurer.

Une importante étude est en cours auprès de 100 000 agriculteurs américains et leur famille. Bien que, dans l'ensemble, ils soient en meilleure santé que la moyenne de la population des États-Unis, les producteurs agricoles sont particulièrement agressés par certains cancers : maladie de

Parce qu'ils sont de gros fumeurs, les hommes québécois détiennent le triste record du cancer du poumon au Canada.

Hodgkin, leucémie et cancers des lèvres, de la peau et de la prostate. L'exposition aux pesticides utilisés dans l'agriculture est tout particulièrement soupçonnée de favoriser l'incidence élevée de certains de ces cancers. Mais comme c'est souvent le cas dans ce genre de recherche, il faudra attendre plusieurs années pour obtenir des résultats scientifiquement valables.

Épandage de pesticides.

Certaines races sont-elles plus exposées aux tumeurs cancéreuses que d'autres ? Se poser la question n'est peut-être pas très « politically correct », mais des chercheurs l'ont fait. Ils ont ainsi démontré que le cancer du sein était inconnu chez les Inuit du Canada jusque dans les années 60. On sait également que les Japonaises sont quatre fois moins atteintes par ce cancer que les Nord-Américaines. Sans le prouver formellement, les spécialistes pointent du doigt l'alimentation, parmi d'autres facteurs, pour expliquer ces observations.

Aux États-Unis, les Noirs ont une incidence du cancer de 8 % supérieure à celle de la population blanche. Pourtant, ils meurent beaucoup plus de la maladie, 35 % plus fréquemment que les Blancs, nous disent les données de l'Institut national du cancer. Mais est-ce une question de race ou, plus simplement, d'accès aux meilleurs soins ? Dans un pays où 35 millions de personnes ne sont pas assurées faute de moyens financiers, toute conclusion est forcément hasardeuse.

Le cancer du sein était inconnu chez les Inuit du Canada jusque dans les années 60. Les Japonaises sont quatre fois moins atteintes par ce type de cancer que les Nord-Américaines.

Les épidémiologistes qui s'intéressent aux cancers pédiatriques font tout de même des constats qui donnent un certain poids aux facteurs ethniques. Par exemple, la maladie de Hodgkin est rare au Japon, les rétinoblastomes (cancer de la rétine) sont très peu fréquents en Inde et en Afrique, certaines tumeurs osseuses ne se retrouvent presque pas en Afrique ni dans la population noire américaine, etc. Le stade où en sont les études ne permet toutefois pas aux chercheurs de démontrer autre chose que des pistes à suivre basées sur des observations partielles.

Dans ce domaine comme dans d'autres, il n'est donc pas facile de comprendre, de cerner le cancer. Et comme si les choses n'étaient déjà pas assez complexes, le docteur Michel Plante remarque qu'il existe, en plus, des cancers liés aux classes socio-économiques. « Il y a ce qu'on peut –rapidement– appeler des cancers de riches et des cancers de pauvres. Des études ont démontré que dans les milieux défavorisés, les cancers sont plus fréquents que dans les milieux aisés. On parle d'un écart de 20 %. Mais, attention, il peut s'agir de différences dues plus à l'éducation qu'à la situation économique des gens. » Mais dans ce cas aussi rien n'est facile puisque, toujours selon le docteur Plante, « il y a des cancers qu'on retrouve plus souvent dans les classes socio-économiquement plus favorisées, par exemple le cancer du sein et celui de l'endomètre (corps de l'utérus) ».

De nuances en nuances, de facteurs en facteurs, d'observations en incompréhensions, de certitudes en interrogations et en doutes, le cancer continue de dérouter ses poursuivants. Et dans cette course, les épidémiologistes n'avancent pas plus vite que les généticiens. On se rend compte que le chemin de la compréhension de cette maladie est encore bien long.

«Dans les milieux défavorisés, les cancers sont plus fréquents que dans les milieux aisés... par contre, il y a des cancers qu'on retrouve plus souvent chez les plus favorisés.»

Le docteur Michel Plante.

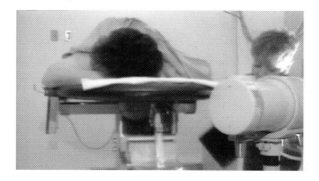

LA CHIMIOPRÉVENTION

La chimioprévention est un mot presque à la mode aujourd'hui. Il s'agit essentiellement, avec l'aide de médicaments, de bloquer le développement d'un cancer avant même qu'il ne se déclare.

C'est une technique qui s'adresse, bien sûr, aux personnes à risque seulement. Par exemple, si un individu a des membres de sa famille atteints d'un cancer donné, il est peut être possible de prévenir chez lui l'éclosion de la même maladie.

Le potentiel d'efficacité de la chimioprévention est actuellement à l'étude en ce qui concerne les cancers du sein, du poumon et de la prostate. Une recherche est notamment en cours concernant un médicament : le tamoxifène. Des hôpitaux montréalais participent à cette étude. Ce produit a déjà fait ses preuves pour soigner des femmes atteintes d'un cancer du sein.
Il contribue, entre autres, à éviter «l'effet miroir», c'est-à-dire à ce que l'autre sein développe lui aussi un cancer.

L'idée est donc d'administrer sur une base préventive le tamoxifène aux femmes qui ne sont pas encore malades, mais qui sont susceptibles

Des participantes
à une recherche
sur le tamoxifène
à Montréal.

d'avoir un jour ce type de cancer. On parle surtout de femmes de plus de trente-cinq ans et qui ont des antécédents familiaux qui les prédisposent à cette maladie. Sous le contrôle de la National Surgical Adjuvant Breast Project, une centaine de centres, aux États-Unis et au Canada, recrutent et suivent des groupes de ces femmes à risque. La moitié d'entre elles prennent le tamoxifène, l'autre moitié un placebo. Dans quelques années, il sera alors possible d'évaluer le rôle de ce médicament dans la chimioprévention du cancer du sein.

Mais comme tous les médicaments, ceux de la chimioprévention ne sont pas sans risques, et le tamoxifène serait à l'origine d'un nombre minime de cancers de l'endomètre. Il faut donc soupeser les bienfaits et les risques dans chaque cas.

D'autres chercheurs américains ont entrepris, dans la même optique, une étude sur la chimio-prévention du cancer de la prostate. Cette fois, le médicament s'appelle le finasteride et ce sont 18 000 hommes, actuellement en bonne santé et âgés de plus de cinquante-cinq ans, qui font le test. Cette chimioprévention s'adresse surtout aux hommes dont certains membres de la famille —père ou frères— ont déjà été atteints d'un cancer de la prostate.

■ CHAPITRE QUINZE

La peur de la solitude

L e cancer, une fois que la tumeur agresse un patient, devient aussi une maladie de l'âme. «J'ai remarqué que les malades qui ont un bon moral, qui sont bien soutenus par leur famille et des amis, s'en sortent souvent mieux que les autres», remarque le chirurgien Maurice Falardeau, fort de ses trente années d'expérience.

Son confrère de l'hôpital Notre-Dame de Montréal, le psychiatre Yves Quenneville, raconte volontiers ce qu'un patient lui a dit un jour au sujet du cancer: «Durant toute mon existence, avant la maladie, j'avais l'impression que c'était moi qui conduisais l'auto de ma vie. Mais, depuis que j'ai le cancer, j'ai l'impression d'être assis en arrière, les yeux bandés, que c'est quelqu'un que je ne connais pas qui conduit, que je ne sais pas où on va, et, en plus, cette personne ne me parle pas.» Selon le psychiatre, cette perception des choses est courante chez les cancéreux pour exprimer la perte de maîtrise de leur vie. «Ce que nous devons faire, c'est remettre le patient au volant et nous asseoir à côté de lui pour faire un bout de chemin ensemble», dit le spécialiste.

Dans les hôpitaux, on assure que la lutte contre le cancer est maintenant une affaire d'équipe. Le malade est le capitaine, son médecin traitant l'adjoint, et tous les autres, du pathologiste à l'infirmière en passant par le chirurgien et la famille du patient, sont des équipiers. L'image est idyllique, fait un peu cliché. N'empêche que des efforts réels sont faits dans ce sens, même si les résultats

«La charge émotive de la maladie est immense.»

Yves Quenneville, psychiatre.

peuvent grandement différer entre les hôpitaux ou d'une région à une autre.

Si le soutien psychologique des cancéreux est devenu un objectif important, ce n'est pas seulement pour des raisons humanitaires. C'est aussi parce que la solitude est aujourd'hui reconnue comme un obstacle majeur à la guérison. « Dans le meilleur cas, l'entourage est présent, dans le pire des cas, il est totalement absent. C'est que, presque invariablement, la personne atteinte de cancer se retrouve très seule. Elle a des inquiétudes qu'elle a de la difficulté à partager, tout d'abord pour protéger son entourage et ensuite parce que son entourage aussi veut la protéger. Alors cela devient l'omerta, la loi du silence », explique le docteur Quenneville.

Des bénévoles jouent un rôle déterminant pour briser cette solitude. Ce sont souvent d'anciens cancéreux, aujourd'hui guéris, qui veulent partager leur expérience. Lucie Lacombe, survivante depuis un quart de siècle d'un cancer du sein, se rend ainsi plusieurs fois par semaine à l'hôpital Notre-

> La solitude est aujourd'hui reconnue comme un obstacle majeur à la guérison.

Dame pour encourager des patients : « La première chose, ce ne sont pas des mots, c'est d'être là, de dire je bouge, je vis, je suis active, je voyage. Ensuite, il faut écouter.» Mme Lacombe se dit par ailleurs «fatiguée qu'on parle davantage des souffrances et des morts que de ceux et celles qui s'en sortent».

Pour aider les malades, les hôpitaux et les différentes sociétés du cancer offrent aujourd'hui de nombreux services.

L'impact du travail des bénévoles est difficilement mesurable, scientifiquement parlant du moins. Mais pratiquement, de l'avis de tous les intervenants professionnels, l'action des ex-patients comme Mme Lacombe est extrêmement précieuse, ne serait-ce que par la force de l'exemple.

Pour aider les malades sur le plan concret, les hôpitaux et les différentes sociétés du cancer offrent aujourd'hui de nombreux services. Par exemple, la documentation mise à la disposition des cancéreux est abondante et, dans l'ensemble, bien faite. On y trouve, dans un langage généralement simple et clair, des informations qui vont de l'effet des médicaments à la façon de s'alimenter, en passant par l'exercice physique et même la vie sexuelle du cancéreux.

L'Hôtel-Dieu de Montréal publie dans cette optique une *Trousse de brousse*, un document rempli d'informations pratiques qui doivent, selon les auteurs, «aider les malades à traverser la jungle du cancer». Informer, démystifier, rassurer sont les objectifs de ces publications. Une bénévole comme Mme Lucie Lacombe remarque que ces dépliants sont aussi «à l'origine d'une multitude de questions qui servent à briser la loi du silence et à engager le dialogue». Autre constatation de cette ancienne cancéreuse rescapée d'une époque où on ne regardait pas la maladie dans les yeux : « Il n'y a plus de tabous, on peut parler de tout, ce qui est un grand progrès.»

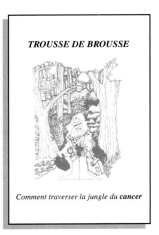

TROUSSE DE BROUSSE

*Comment traverser la jungle du **cancer***

Le docteur
Yves Quenneville
avec une patiente.

Plus de tabous, peut-être, mais le cancer reste une maladie spéciale, pas comme les autres, ne serait-ce que parce qu'une personne sur deux en meurt. D'où des inquiétudes et des comportements particuliers. Au service d'oncologie de l'hôpital Notre-Dame de Montréal, le docteur Yves Quenneville côtoie quotidiennement les cancéreux. Il constate que «chaque individu arrive dans cette affaire-là avec un bagage préalable qui est sa façon habituelle de réagir au stress et de solutionner les crises. Et la révélation du diagnostic de cancer va invariablement provoquer une crise émotive, mais dont l'ampleur va cependant varier d'une personne à l'autre. Mais la charge émotive de la maladie est immense.»

Certaines personnes se sentent-elles coupables d'avoir le cancer ?

«Des gourous répandent l'idée qu'on choisit son cancer, qu'on se l'inflige. C'est très culpabilisant. Cela laisse aussi entendre que seules les émotions et les prédispositions psychologiques peuvent provoquer le cancer. Et en plus, les mêmes gourous vous disent que, puisqu'on s'inflige un cancer, on peut également s'en libérer. Tout cela n'est bien sûr pas vrai, mais cela rend des gens extrêmement coupables. J'entends des malades me dire, très sérieusement : "Je me suis donné un

cancer et je n'arrive pas à me guérir." Ce genre d'attitude est terrible. »

Mais vouloir combattre son cancer par le moral, la volonté, n'est-ce pas normal pour un individu ?

« Ce n'est pas magique, mais c'est une bonne attitude. On a tous besoin dans nos vies d'amoindrir, d'atténuer certaines choses sinon on n'oserait plus traverser la rue. Effectivement, des recherches sur le cancer du sein ont démontré que les femmes résolues à se battre, les *battantes* qui se mettent en colère contre la maladie, ont un meilleur pronostic vital que celles qui se laissent aller. Mais de là à dire qu'on peut se guérir juste à force de volonté, il y a toute une marge. Disons qu'avec un bon moral, les traitements peuvent donner de meilleurs résultats. »

Peut-on être responsable de son cancer ?

« La personne qui fume prend un grand risque. Dans ce sens, oui, elle peut effectivement être responsable de son cancer pulmonaire. Elle regrettera son comportement par la suite. Ça, c'est une chose. Maintenant, j'ai parfois des gens qui arrivent dans mon bureau et qui disent : « Docteur, j'ai dû m'infliger ce cancer-là parce que j'ai été méchant avec mes parents. » Je dois alors remettre les pendules à l'heure car cette culpabilité –qui est bien sûr non fondée– est destructrice, contre-productive, et s'oppose à la mobilisation de l'énergie nécessaire pour combattre la maladie. »

> «Avec un bon moral, les traitements peuvent donner de meilleurs résultats.»

Le cancéreux est-il finalement très vulnérable ?

« Il a besoin d'espoir et peut donc devenir une proie facile pour ceux qui promettent mer et monde par des vibrations ou d'autres guérisons magiques. C'est un problème parfois. Il ne s'agit pas, selon moi, d'interdire les médecines parallèles aussi longtemps que cela ne va pas trop loin. Mais parfois, malheureusement trop souvent, des gourous disent au malade, ou plutôt lui ordonnent de cesser la chimiothérapie ou les autres traitements. Alors là je me sens mal à l'aise, car j'ai l'impression que le patient se fait avoir. »

Le cancer bouleverse la vie de vos patients...

« Oui, sans aucun doute. Mais à des degrés divers selon les gens. Il y en a pour qui c'est la catastrophe. D'autres vivent cette épreuve avec beaucoup plus d'élégance. La réaction des gens est toujours imprévisible. Le cancer est une rude épreuve. »

De quoi les cancéreux ont-ils le plus peur ?

« D'être abandonnés. Le sentiment de solitude, de délaissement est parfois épouvantable à voir. C'est d'ailleurs mon rôle premier d'affronter ce type de sentiments. Mais il y a aussi la peur d'avoir mal, de se dégrader, de perdre des fonctions importantes, sa valeur d'être humain. La peur de mourir n'est pas nécessairement envisagée tout de suite par tous les malades. Bien sûr, quand on révèle le diagnostic, on entend souvent : "Ça y est, je suis foutu, je vais mourir." Mais une fois que l'information sur le traitement est bien passée, l'espoir revient vite. Non, la grande peur pour le cancéreux, c'est avant tout la solitude et la possibilité de perdre sa dignité. »

> «La grande peur pour les cancéreux, c'est avant tout la solitude et la possibilité de perdre sa dignité.»

■ CHAPITRE SEIZE

Soulager la douleur

L es auteurs de la Renaissance, Thomas Moore dans *Utopia* par exemple, croyaient que le rôle de la médecine était de prolonger la vie des gens, de permettre de très longues existences, de préférence sans souffrances. Il faut se rappeler qu'à cette époque, dépasser la cinquantaine était presque un exploit pour le commun des mortels. Ce rêve du progrès qui engendre le bonheur n'est pas mort aujourd'hui. Et la notion de prolongement de la vie reste une valeur très importante de notre société contemporaine

On vit plus vieux de nos jours, c'est un fait. Mais il faut aussi constater que plus la population vieillit, plus le cancer tue. Les statistiques sont très claires sur ce point. À partir de soixante-dix ans, la mala-

Taux de mortalité, en fonction de l'âge. (1991, CANADA)

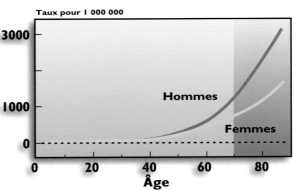

die fait beaucoup de victimes, surtout chez les hommes. Après tout, il faut bien mourir de quelque chose et, généralement, contrairement à ce que pouvaient espérer Thomas Moore et ses contemporains, on ne meurt pas en bonne santé.

Mais est-il plus grave d'avoir le cancer à quarante qu'à quatre-vingts ans ? Le sujet est délicat, mais la plupart des médecins qui sont sur la ligne de front de la lutte contre le cancer ont la faiblesse d'admettre que oui. La question gêne toutefois presque toujours. La peur d'être accusé de ne pas faire le maximum pour les personnes âgées, ou alors, au contraire, de faire de l'acharnement thérapeutique avec les plus jeunes, plane sur les réponses. Cette attitude reflète sans doute aussi les malaises et le questionnement qui hantent nos sociétés occidentales à l'égard du rôle des aînés et de la mort.

Les Romains, lorsqu'un jeune décédait, parlaient de mourir *avant la date*. Cela démontre que depuis longtemps le fait de s'en aller prématurément est considéré comme anormal, voire comme une injustice. À l'opposé, il a toujours été admis que la vie était programmée pour être menée à son terme. Et cette échéance a des signes très clairs : cheveux blancs, dents qui tombent, fatigue de l'existence, etc. La Bible, pour décrire cette fin naturelle de la vie, utilise la très belle expression « il est rassasié d'années ».

Le docteur
Diane Provencher.

Octobre 1994, le docteur Diane Provencher opère, à l'hôpital Notre-Dame, Sœur Martine Gravel, une religieuse de quatre-vingts ans atteinte d'un cancer de l'utérus. Le moral de la malade est excellent, même si elle admet avoir un peu peur. « J'ai bien confiance, bien confiance », répète-t-elle sans cesse. L'opération est relativement importante pour une femme de cet âge, admet la chirurgienne. Mais elle remarque aussitôt « que les religieuses sont souvent bien conservées et que Sœur Gravel a le corps d'une femme de soixante ans. Donc le pronostic est assez bon et elle peut encore avoir de bonnes années devant elle , avec une excellente qualité de vie. »

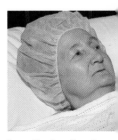

Sœur Martine Gravel.

> Une société bien faite doit offrir les meilleurs soins à tout le monde.

Comme quoi les termes « rassasié d'années » ne s'appliquent pas à un âge donné. Il est fonction de chaque malade, de ses capacités physiques et de sa volonté de s'en sortir.

Le généticien Albert Jacquard remarque que si, contre le cancer, on peut gagner de nombreuses batailles, on finira toujours par perdre la guerre, « car il est complètement utopique de dire qu'on va vaincre la mort ». Pour ce penseur, le cancer est inadmissible, inacceptable, chez les enfants et chez les jeunes adultes, et il doit être combattu par tous les moyens. Chez les personnes âgées, par contre, il devient normal. Il s'explique : « À mesure que je vieillis, la probabilité qu'une erreur se produise dans mes cellules augmente. Autrement dit, je me trompe dans la transmission de mon patrimoine génétique d'une cellule à l'autre. Au début, ces erreurs ne sont pas très graves et j'arrive à les éliminer. Mais, progressivement, quand il y a trop de ces erreurs, alors un beau jour cela ne fonctionne plus. C'est ça le rôle du temps et il faut l'accepter. »

Le professeur Claude Jasmin va dans le même sens. Il trouve malsain « cette volonté de maîtriser la mort, de contrôler la maladie de manière purement scientifique, de changer tout notre mode de vie pour ne penser qu'au cancer, qu'à éviter la maladie. Il ne suffit pas de dire : Ne fumez pas, ne buvez pas, faites ceci, ne faites pas cela, pour que tout aille bien. Ce n'est pas si simple. » Ce cancérologue de renom critique d'ailleurs les chercheurs qui annoncent parfois qu'on va vivre deux cents ans. « Tout cela fait partie de notre manière de vouloir maîtriser la peur de la mort. Les scientifiques qui se lancent sur ce terrain devraient être plus prudents », estime-t-il.

Albert Jacquard trouve pour sa part franchement ridicule l'utopie de la santé absolue, (héritage des auteurs de la Renaissance ?) telle qu'elle est véhiculée dans certains magazines et même dans

Le professeur Claude Jasmin.

des conférences scientifiques. Personne n'a droit à la santé, dit-il en substance. «Ce à quoi les gens ont droit, ce sont à des soins, ce n'est pas du tout la même chose. Une société bien faite doit offrir les meilleurs soins à tout le monde.»

Dans un pays comme le Canada, les soins offerts aux cancéreux sont censés être les mêmes d'un océan à l'autre. La réalité est cependant souvent différente entre les provinces, entre les villes et les campagnes, et même entre les hôpitaux d'un même lieu. Et, surtout pour les malades âgés dans le cas où le pronostic est mauvais, ces différences se mesurent trop souvent encore en douleurs physiques et en souffrance morale.

Notre société, et l'establishment médical en particulier, a de la peine à se brancher sur tout ce qui concerne le soulagement de la douleur. La preuve en a été faite par une étude scientifique qui évalue à légèrement au-dessus de 40 % les douleurs effectivement soulagées dans les hôpitaux. Ce pourcentage, nous disent les chercheurs, est le même depuis quarante ans. Pourtant, surtout grâce à la morphine, on sait relativement bien aujourd'hui contrôler les douleurs.

L'Organisation mondiale de la santé recommande d'ailleurs l'utilisation de la morphine pour aider les cancéreux. Pharmacienne à l'hôpital

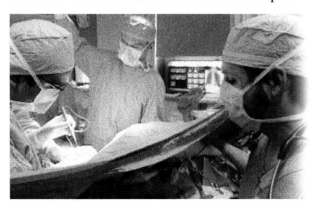

« Lorsque la morphine est bien administrée, que le patient est sérieusement suivi, le risque de dépendance est quasi inexistant. »

Andrée Néron, pharmacienne.

Saint-Luc, à Montréal, Andrée Néron parle « d'un médicament de choix et qui a l'avantage d'être bien connu ». Pour cette spécialiste, il faut combattre des mythes, surtout celui de l'accoutumance, de la dépendance psychologique. « Lorsque la morphine est bien administrée, que le patient est sérieusement suivi, le risque de dépendance est quasi inexistant », tient-elle à préciser. Une étude américaine a effectivement démontré que sur 12 000 malades qui ont reçu des doses élevées de morphine pendant des jours à la suite d'accidents ou de graves opérations, seulement quatre ont développé une accoutumance au produit.

Alors pourquoi laisser souffrir les malades ? Les blocages sont multiples. Il y a sans doute l'ignorance, mais aussi des motivations religieuses « je souffre pour expier mes péchés », ou encore le fait que de nombreux malades et leur famille considèrent toujours la morphine comme une « mauvaise » drogue. Pour renverser ces attitudes, des établissements hospitaliers, en Amérique du Nord et en Europe, ont lancé des campagnes autour du slogan : *Un hôpital sans douleur.*

Le docteur Charles-Henri Rapin, qui enseigne aux universités de Montréal et de Genève, est à l'origine de plusieurs de ces campagnes antidouleurs. Selon lui, « il y a insuffisamment d'enseignement sur la douleur dans les équipes de médecins. L'application des connaissances scientifiques se fait mal. C'est qu'il y a une culture qui prédomine encore dans de nombreux endroits, celle qui valorise la douleur. C'est une question d'éducation car la science prouve que la douleur est totalement inutile ; c'est un stress qui influence la qualité de la vie et les relations avec les proches. »

L'unité des soins palliatifs de l'hôpital Notre-Dame de Montréal se veut à l'avant-garde de la lutte contre la douleur. Linda et Sylvie Percy applaudissent cet état d'esprit. Leur mère

Le docteur Charles-Henri Rapin.

Mme Monique Percy et ses deux filles Linda et Sylvie.

Unité des soins palliatifs de l'hôpital Notre-Dame.

cancéreuse, souffrait horriblement, disent-elles, avant d'être admise dans cette unité. « C'était terrible parce que chaque respiration était une épreuve. Elle avait tellement mal qu'elle perdait le contact avec nous et son environnement. Ici, avec les soins et la morphine, la différence est spectaculaire. On sait que c'est temporaire, mais au moins elle ne souffre plus, elle nous parle, elle est avec nous. »

Avez-vous l'impression qu'avec la morphine elle reste lucide ?

« Tout à fait, elle est entièrement là et, encore une fois, non souffrante. »

Ce jour-là, Mme Percy avait fait attendre un visiteur, le temps de se coiffer et de mettre du rouge à lèvres. Elle est décédée le surlendemain.

Le docteur Marcel Provost est le responsable de cette unité de soins palliatifs. « Notre objectif est clair, on n'est pas ici pour guérir les malades et ils le savent, tout comme leur famille d'ailleurs. On explique sans détour notre philosophie. Nous voulons donner un certain confort aux cancéreux. S'ils ont moins de douleurs, ils peuvent alors communiquer davantage avec leur famille. C'est beaucoup plus humain. Notre objectif ultime, c'est un malade plus à l'aise, lucide, éveillé et qui est relativement serein dans l'épreuve qu'il doit vivre », explique le médecin.

Le docteur Marcel Provost.

Vous dit-on parfois : « Docteur je ne veux pas être drogué » ?

« C'est fréquent. Il faut alors prendre le temps de s'asseoir et de discuter, d'expliquer que les narcotiques, si leur administration est bien dosée, permettent un soulagement de la douleur très acceptable tout en gardant les gens éveillés, très bien orientés, et qui, contrairement à la pensée populaire, ne deviennent pas forcément confus, somnolents ou euphoriques. »

Dans une unité de soins palliatifs, la mort est omniprésente. La douleur est donc souvent beaucoup plus complexe qu'un simple mal physique. Les cancéreux, leur famille et le personnel traitant portent le poids des siècles sur leurs épaules.

La théologienne protestante France Quéré a étudié cette situation : « Il faut dire que les Chrétiens ont raconté des sottises à ce sujet depuis bien longtemps, probablement parce qu'ils ne savaient pas soulager les douleurs. Alors ils ont dit aux malades : « Supportez-la, cela vous fera gagner le ciel, ça vous guérira. » Mais, aujourd'hui, alors qu'on sait comment combattre 80 % −et même plus− des douleurs, il est criminel d'exhorter les gens à ce stoïcisme. D'ailleurs, actuellement, toutes les doctrines sont unanimes pour dire : « Ne laissez pas souffrir les gens », que le discours soit catholique, protestant, juif, musulman ou franc-maçon. La douleur n'a aucune valeur salvatrice. Elle épuise, elle désespère. Il faut la combattre. Dans l'Évangile, pas une fois le Christ n'a dit : « Supportez la douleur. » Partout où il l'a vue, il l'a supprimée. Il n'a jamais dit : « Non, je ne te guérirai pas, tu seras mieux dans ta souffrance. »

À Ottawa, l'éthicien catholique Hubert Doucet, qui travaille comme consultant dans les hôpitaux, a également réfléchi sur les cancéreux et la douleur. D'un côté, comme sa collègue protes-

« La douleur n'a aucune valeur salvatrice. Elle épuise, elle désespère. Il faut la combattre. »

France Quéré, théologienne protestante.

tante, il se demande pourquoi on ne fait pas tout, lorsque la science le permet, pour soulager les douleurs des malades. D'un autre côté cependant, il remarque que le soulagement systématique des douleurs, en prolongeant souvent la vie des gens, pose le problème « de la souffrance de durer dans cet état-là ».

« Il faut, dans notre société, s'interroger également sur la souffrance que l'on crée par les progrès scientifiques. Car si un cancéreux âgé voit sa vie prolongée grâce à de bons soins et à un contrôle de la douleur, il se sent quand même dépendant. Il se rend compte qu'il est de plus en plus incapable de faire quelque chose par lui-même et qu'il est de plus en plus à la merci des autres. Tout cela ne crée pas une douleur, mais une souffrance morale. C'est de l'angoisse. Cette question n'est pas facile à aborder, mais elle se pose de plus en plus. »

«Il faut, dans notre société, s'interroger sur la souffrance que l'on crée par le progrès scientifique.»

Hubert Doucet, éthicien.

On contrôle la douleur physique, mais pas la souffrance morale.

« C'est un problème. C'est l'angoisse d'être dépendant. Les soins palliatifs ont été vus comme une entreprise extraordinaire qui permettait aux gens de vivre les derniers instants de leur vie dans la sérénité et la dignité. Le succès de ces soins est tel, les douleurs si bien contrôlées, que la durée de vie des patients augmente. On constate alors que des malades demandent qu'on mette fin à leur vie, non parce qu'ils souffrent, mais parce qu'ils se disent fatigués, épuisés de vivre. Ils savent qu'il n'y a rien à faire, qu'ils sont dépendants, ils pensent qu'ils ne sont plus rien, ils voient leur corps s'en aller. Et lorsque cette situation dure grâce à la qualité des soins, une souffrance morale s'installe. »

Que faire dans ces cas-là ?

« Devant les grandes angoisses, notre société est démunie. Quel doit être le rôle des soignants en pareille circonstance ? Quel est le rôle de la

médecine vis-à-vis de la souffrance ? Les réussites des unités de soins palliatifs nous obligent maintenant à nous poser ces questions. Mais nous n'avons pas de réponse. En tout cas, moi, je ne sais pas. »

À peine commence-t-on à percer les mystères de la cellule humaine, à l'aube des progrès promis par les thérapies géniques, à l'heure où les tabous sur la maladie sont tombés et maintenant que les douleurs physiques peuvent être largement soulagées, voilà qu'on se met à parler de la souffrance et de la dignité..

Décidément, avec le cancer, rien n'est simple. Cette maladie prend la mesure de l'humanité, c'est l'histoire des hommes et des femmes contre l'adversité. Ce n'est pas une guerre à finir comme on l'a trop longtemps cru, c'est une lutte sans fin.

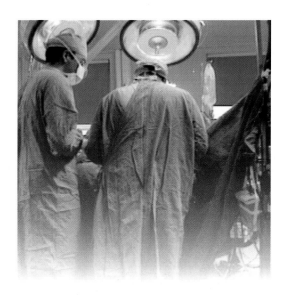

▶ LA MORPHINE ◀

La morphine a une très longue histoire si on considère que l'opium, dont elle est extraite, est utilisé en médecine, en Orient, depuis... 2000 ans. Ce n'est toutefois qu'en 1805 qu'un jeune chimiste allemand isola la morphine de l'opium et démontra quel en était le principal composé actif.

À partir de 1853, avec l'invention de la seringue hypodermique, la morphine entra véritablement dans l'arsenal européen et nord-américain de lutte contre les douleurs rebelles. Malheureusement, l'utilisation de la morphine pour soulager les malades est rapidement allée de pair avec une explosion de la toxicomanie liée à cette substance, des individus recherchant surtout ses effets psychologiques. C'est depuis ce temps-là qu'en Occident la morphine a mauvaise réputation.

Aujourd'hui, les scientifiques demandent que soit clairement faite la distinction entre les toxicomanes qui se servent de la

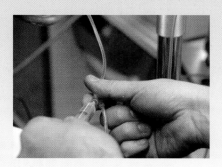

morphine pour se droguer, et les malades qui souffrent et qui l'utilisent pour ses effets analgésiques.

Depuis le siècle dernier, les médecins ont considérablement changé les doses et les méthodes d'administration de la morphine. C'est pourquoi, aujourd'hui, les personnes qui restent dépendantes du produit au terme d'un traitement sont extrêmement rares. Mais les cas de patients —ou de leur famille— mais aussi de médecins qui s'opposent toujours à la morphine pour soulager les douleurs restent nombreux. Leurs arguments sont reliés à la peur de la dépendance ou à des motifs religieux ou philosophiques.

Pourtant, les scientifiques pensent que seule la morphine et ses dérivés sont capables d'atténuer efficacement les douleurs intenses du système nerveux central. Les grands brûlés profitent également beaucoup de cette substance qui, malgré son vieil âge, est encore bien mal connue et surtout mal perçue.

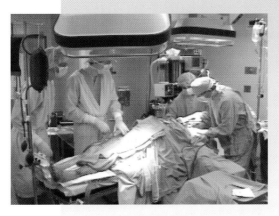

Centre des grands brûlés, Hôtel-Dieu de Montréal.

GLOSSAIRE

ADN : Molécule géante se présente sous forme d'une double chaîne spiralée formée de trois groupes (sucre, phosphate et azote). Ces macro-molécules constituent les chromosomes et leurs différents segments forment les gènes, supports des caractères héréditaires. L'ensemble des informations conservées constituent le code génétique.

A.R.N. : acide ribonucléique porteur du code génétique selon lequel s'effectue la synthèse des protéines spécifiques.

Cancer : terme général pour décrire plus de cent maladies dont le dénominateur commun est une croissance incontrôlée de cellules anormales, appelées tumeurs malignes.

Chimiothérapie : le traitement d'une maladie par des moyens chimiques.

Cortisone : hormone du cortex surrénal employée en thérapeutique et administrée par voie buccale, intramusculaire ou intraveineuse comme anti-inflammatoire.

Dystrophie musculaire : terme générique sous lequel on regroupe un certain nombre d'affections héréditaires dégénératives progressives des muscles.

Endocrinologue : spécialiste des maladies des glandes endocrines, c'est-à-dire des glandes à sécrétion interne dont les produits sont déversés directement dans le sang.

Endomètre : tissu qui tapisse la cavité utérine et dont les couches moyennes et superficielles sont éliminées par la menstruation si l'ovule n'est pas fécondé.

Gène : nom donné à des unités définies, localisées sur des chromosomes et responsables de la production des caractères héréditaires.

Glande thyroïde : glande endocrine située à la partie antérieure et inférieure du cou qui agit sur la croissance, le métabolisme et le système nerveux.

Loi de Mendell : (loi de l'hybridation): croisement fécond naturel ou artificiel d'animaux ou de plantes, de races ou de variétés différentes.

Leucémie : la leucémie est un cancer des cellules du sang.

Maladie de Hodgkin : maladie caractérisée cliniquement par la tuméfaction des ganglions superficiels et profonds.

Mammographie : radiographie de la glande mammaire (sein).

Métastase : action selon laquelle les cellules cancéreuses s'éloignent de leur lieu d'origine et se répandent dans d'autres parties du corps.

Moëlle osseuse: tissu mou qui se trouve à l'intérieur des os et où se fabriquent les globules rouges, les globules blancs et les plaquettes.

Neptunium : élément chimique obtenu artificiellement à partir de l'uranium.

Oncologue : médecin spécialisé dans le traitement de patients atteints de cancer.

Opium : suc des capsules d'un pavot incisées avant maturité. C'est un latex riche en alcaloïdes dont le plus actif est la morphine.

Pathologiste : spécialiste qui étudie les effets que la maladie provoque : lésions, troubles, etc.

Physiothérapie : thérapeutique qui utilise les agents naturels : air, eau, lumière, électricité, radiations lumineuses, le froid et la chaleur. La physiothérapie met également en œuvre le mouvement comme la marche et les exercices de gymnastique.

Radiothérapie : traitement du cancer par des rayons X puissants.

Rémission : disparition des caractéristiques et des symptômes d'une maladie.

Résection : opération qui consiste à enlever une partie d'organe ou de tissu.

Rétinoblastome : cancer de la rétine.

Transgénique : ce terme s'applique à des organismes vivants dans lesquels ont été transférés des gènes étrangers à leur patrimoine héréditaire propre. Il est possible de créer aussi bien des animaux que des plantes transgéniques.

Tumeur : croissance anormale de cellules ou de tissus. Les tumeurs peuvent être bénignes (non cancéreuses) ou malignes (cancéreuses).

Ce glossaire a été établi à partir des dictionnaires suivants : *Le Garnier Delamare*, dictionnaire des termes de médecine, 23e édition, éditions Maloine ; *Le dictionnaire de médecine* aux éditions Flammarion et le dictionnaire *Le Petit Robert 1*.

**Pour de plus amples renseignements
au sujet du cancer on peut communiquer
avec les organismes suivants :**

La Fondation québécoise du cancer

2075, rue de Champlain
Montréal (Québec)
H2L 2T1
Téléphone :   (514) 527-2194
Télécopieur : (514) 527-1943

La Société canadienne du cancer

5151, boul. de l'Assomption
Montréal (Québec)
H1T 4A9
Téléphone :   (514) 255-5151
Télécopieur : (514) 255-2808

TABLES DES MATIÈRES